Verena Kast:
Wege aus Angst und Symbiose
Märchen psychologisch gedeutet

Deutscher
Taschenbuch
Verlag

dtv

Ungekürzte Ausgabe
1. Auflage Mai 1987
2. Auflage Dezember 1987: 13. bis 18. Tausend
Deutscher Taschenbuch Verlag GmbH & Co. KG, München

ISBN 3-530-42100-6
Umschlaggestaltung: Boris Sokolow
Gesamtherstellung: C. H. Beck'sche Buchdruckerei, Nördlingen
Printed in Germany · ISBN 3-423-15031-9

INHALT

Den Hörern der Lindauer Psychotherapiewochen

VORWORT

Die Märcheninterpretationen dieses Bandes wurden in den Jahren 1980 und 1981 auf den Lindauer Psychotherapiewochen vorgetragen. Ursprünglich stand die erste Folge unter dem Thema «Wege aus der Symbiose», die zweite unter dem Thema «Angst und Angstbewältigung im Märchen». Auf Vorschlag des Verlages werden nun die Interpretationen beider Vortragsfolgen miteinander veröffentlicht. Bei der Suche nach einem gemeinsamen Titel stellt sich mir die Gegenüberstellung der beiden Stichworte Angst und Symbiose als sinnvoll dar, da es mir nicht nur eine äußerliche Gegenüberstellung zu sein scheint, sondern auch eine innere Zusammengehörigkeit der beiden Begriffe impliziert.

Die Symbiose wird immer gesucht, um Angst zu vermeiden, insbesondere Trennungsangst, und Wege aus der Symbiose sind immer auch Wege der Angstbewältigung. In der Folge Angst und Angstbewältigung werden dann allerdings auch andere Aspekte des Umgehens mit Angst beleuchtet.

Warum zeige ich Wege aus der Symbiose und Angst und Angstbewältigung an Märchen auf?

In der Jungschen Schule betrachten wir die Märchen als symbolische Darstellungen von allgemeinmenschlichen Problemen und von möglichen Lösungen dieser Probleme. Das Märchen handelt immer von etwas, das den Fortgang des Lebens bedroht – meistens dargestellt in der Ausgangssituation des Märchens –, und es zeigt, welcher Entwicklungsweg aus diesem Problem heraus- und in eine neue Lebenssituation hineinführt. Wir wissen alle, daß dieser Entwicklungsweg in sich jeweils auch noch Umwege, Gefahren, Scheitern usw. birgt. Das sind, jetzt übersetzt, Gefahren, die uns auf unseren Entwicklungswegen genauso drohen wie dem Helden im Märchen. Wir betrachten den Helden gleichsam als Modellfigur, der durch sein Verhalten eine Problemsituation aushält und den Weg beschreitet, der nötig ist, um das Problem zu lösen. Dabei hat es sich bewährt, die «subjektstufige» Deutungsform, wie wir sie von der Trauminterpretation her kennen, mitzuverwenden. Subjektstufige Deutungsform meint: Jede Figur, die auftritt, kann auch als Persönlichkeitszug des Träumers, hier im Märchen als Persönlichkeitszug der Heldenfigur, aufgefaßt werden. Wenn im Märchen eine Frau zum Beispiel eine Hexe trifft, dann trifft sie ihre eigenen hexenhaften Züge.

Wir beachten bei der Interpretation einerseits sehr stark die Entwicklungsverläufe, die Wege, die zurückgelegt werden innerhalb eines Märchens, die Situationen, in denen der Held sich aufhält oder aufgehalten wird, anderseits beachten wir natürlich auch die Symbole. Um herauszufinden, was ein Symbol bedeutet, wenden wir die Methode der Amplifikation an: das heißt, wir versuchen, zu einem Märchenmotiv Parallelen beizubringen, dann auch zu sehen, wo immer in der Menschheitsgeschichte dieses Symbol schon eine Rolle gespielt hat – und in welchem Bedeutungszusammenhang es gestanden hat. Über diese Amplifikationen wird die allgemeinste Bedeutung eines Symbols evident. (1)

Märchen können sehr verschieden interpretiert werden. Es gibt eine germanistische, eine volkskundliche, eine soziologische, eine psychologische Märcheninterpretation. Man kann sich also von allen Seiten her dem Märchen nähern. Je nachdem, von welchem Blickpunkt man ausgeht, wird man etwas anderes als wichtig am Märchen erachten. Ideal wäre natürlich eine Interpretation aus allen möglichen Blickrichtungen, möglichst noch von verschiedenen Menschen gemacht, denn wir tragen bei jeder Interpretation unsere Persönlichkeit auch in die Interpretation hinein. Außerdem handelt es sich beim Märchen um Bilder, und Bilder sind nie eindeutig, und je vielschichtiger diese Bilder werden, je märchenhafter, um so schwieriger ist es, eine eindeutige Bedeutung zu sehen. Das ist aber gerade das Spannende an der Märcheninterpretation, das Anregende. Man kann ein Märchen immer auch anders interpretieren. Kriterium einer gelungenen, vertretbaren Interpretation ist für mich, daß die Interpretation in sich einen Sinn hat, daß alle Einzelzüge unter dem gewählten Gesichtspunkt ein stimmiges Ganzes ergeben oder daß sie zumindest anregend ist oder zum Widerspruch herausfordert. Eine «richtige» Interpretation gibt es nicht.

Die Märcheninterpretation ist weder der einzige noch der wichtigste Umgang mit dem Märchen. Das Ausphantasieren, das Meditieren und das Gestalten der Märchenbilder scheinen mir mindestens so wichtige Methoden des Umgangs mit Märchen zu sein.

St. Gallen, im August 1981 — Verena Kast

ANGST
UND ANGSTBEWÄLTIGUNG
IM MÄRCHEN

EINFÜHRUNG

Märchen handeln oft von Angst, ohne daß das Märchen das ausspricht. Es ist sogar eher selten, daß die Angst erwähnt wird. Wenn wir aber ein Märchen hören und uns in seine Bildwelt hineinvertiefen, dann erfaßt uns oft eine Angst um den Helden oder um die Heldin, etwa wenn Schneewittchen immer wieder vergiftet wird oder wenn Hänsel und Gretel allein im Wald zurückgelassen werden oder wenn die Hexe sie so bitterböse anredet. Indem die Helden die Gefahren und die Bedrohungen überstehen, können auch wir aufatmen. Wir haben mit dem Helden ein Stück Angst bewältigt. So gesehen gibt es kaum ein Märchen, das nicht von der Angst handelt. Und von den Märchen her gesehen, die ja immer Wege der Entwicklung aus typischen menschlichen Problemen darstellen, muß man sagen, daß jede Entwicklung mit Angst und mit Überwindung von Angst verbunden ist.

Daß Angst zum Menschen gehört und den Menschen erst menschlich macht, ist in all jenen Märchen ausgedrückt, in denen einer auszieht, um das Fürchten zu lernen. Ich möchte dieses Märchen an den Anfang stellen und dann drei weitere Märchen unter dem Aspekt von Angst und Angstbewältigung beleuchten: Die Gänsemagd (Grimm), Graumantel (Deutsche Volksmärchen) und Die Nixe im Teich (Grimm).

VON DEM BURSCHEN, DER SICH VOR NICHTS FÜRCHTET

Angst zu haben ist menschlich

Es war einmal ein sehr kecker Bursche, dem vor nichts bange war. Alle, die ihm nahestanden, die Eltern und sonstige Verwandte, waren darüber sehr bekümmert, denn was sie auch mit ihm anstellten, bange machen galt bei ihm nicht. Schließlich gaben sie es auf und brachten ihn beim Pfarrer des Kirchspiels unter, weil sie den für besonders geeignet hielten, etwas aus ihm zu machen und ihm Furcht beizubringen.

Aber wie der Bursche nun zu dem Pfarrer kam, da zeigte sich bald, daß ihm auch hier keine Furcht beizubringen war, der Pfarrer mochte es anstellen, wie er wollte. Trotz und Frechheit legte er übrigens dem Pfarrer gegenüber ebensowenig an den Tag wie denjenigen, bei denen er früher gewesen war. So verging nun die Zeit, und der Pfarrer bemühte sich immer vergeblich, ihm bange zu machen.

Einmal im Winter waren drei Leichen, die begraben werden sollten, in die Kirche gebracht worden. Weil sie so spät am Abend gekommen waren, so hatte man sie in die Kirche gestellt, und die Beerdigung sollte am andern Tage sein. Damals war es aber noch Sitte hierzulande, die Leichen ohne Sarg zu begraben, und so waren auch diese Leichen nur in Totenlaken gehüllt. Als die Leichen in die Kirche gebracht worden waren, ließ der Pfarrer sie vorn in der Kirche quer über den Gang zwischen den Kirchenstühlen niederlegen, eine neben der andern mit kleinen Zwischenräumen. Wie man nun abends im Pfarrhof beisammensaß, sagte der Pfarrer zu dem Burschen: «Lauf einmal schnell in die Kirche hinüber, mein Sohn, und hol mir das Buch, das auf dem Altar liegt.»

Der Bursche war nicht ungefällig, wenn er auch keck war, und gehorchte sogleich. Er ging nach der Kirche, schloß sie auf und wollte auf dem Gange entlanggehen. Nach ein paar Schritten fiel er lang über etwas hin, an das er mit dem Fuße gestoßen war. Er erschrak keineswegs, tastete um sich herum und merkte, daß er über eine der Leichen gefallen war. Er nahm sie und schmiß sie zwischen die Kirchenstühle

auf der einen Seite. Dann ging er weiter und stolperte über die zweite Leiche. Er verfuhr mit ihr nicht anders als mit der ersten, ging weiter und fiel über die dritte, auch die schmiß er vom Gange weg zwischen die Bänke. Dann ging er bis zum Altar, nahm das Buch, verschloß die Kirche wieder und brachte das Buch dem Pfarrer. Der nahm es und fragte, ob er nichts Besonderes bemerkt habe. Der Bursche sagte nein, und man sah ihm auch nichts weiter an. Der Pfarrer fragte: «Hast du denn nicht die Leichen in der Kirche bemerkt, die in dem Gange lagen? Ich vergaß es dir zu sagen.» Der Bursche sagte: «Ja so die Leichen, die hab' ich wohl bemerkt; ich wußte nur nicht gleich, was Ihr meintet, Herr Pfarrer.» «Nun und wie hast du sie denn bemerkt?» fragte der Pfarrer, «lagen sie dir nicht im Weg?» «Ach, das war weiter nichts!» sagte der Bursche. «Wie kamst du denn nun darüber hinweg und durch die Kirche hindurch?» «Ich habe sie aus dem Gang weg zwischen die Stühle geschmissen, und da liegen sie jetzt.» Da schüttelte der Pfarrer den Kopf und wollte weiter nichts von der Sache wissen. Aber am Morgen, als man aufgestanden war, sagte er zu dem Burschen: «Du mußt nun fort von hier; ich will dich nicht länger in meinem Hause haben, da du so gottlos bist, daß du dich nicht scheust, die Ruhe der Toten zu stören.» Der Bursche hatte nichts dagegen und verabschiedete sich sehr höflich von dem Pfarrer und seinen Leuten.
Nun wanderte er eine Zeitlang umher und wußte nicht, wo er bleiben sollte. Auf einem Hof aber, auf dem er einmal über Nacht blieb, erfuhr er, daß der Bischof von Skalholt gestorben wäre. Da machte er einen kleinen Abstecher nach Skalholt. Er kam gegen Abend an und bat um Nachtquartier. Man sagte, das solle er haben, aber für seine Sicherheit müsse er selber sorgen. Er fragte, was denn da Schlimmes los sei. Die Leute sagten ihm, seit dem Tode des Bischofs sei es hier nicht mehr geheuer; sobald es dunkel würde, könne es niemand mehr hier aushalten vor Spuk, und deshalb müßten jetzt jede Nacht alle Leute den Hof verlassen. «Um so lieber bleibe ich hier», sagte der Bursche.
Die Leute baten ihn, doch nicht dergleichen zu reden; es sei wahrhaftig kein Spaß, hierzubleiben. Als es dunkel wurde, verließen die Leute den Hof; sie verabschiedeten sich schweren Herzens von dem Burschen, denn sie glaubten ihn nicht mehr wiederzusehen.
Der Bursche blieb allein zurück und war sehr vergnügt. Als es finster war, zündete er ein Licht an und sah sich im ganzen Hause um. Zuletzt kam er in die Küche. Es war eine reiche Wirtschaft, fette Schafsrümpfe hingen da aneinandergereiht, und auch sonst war alles im

Überfluß vorhanden. Der Bursche hatte lange kein Dörrfleisch mehr gegessen und bekam Lust dazu, weil es hier in solcher Menge vorhanden war. Schlafen wollte er lieber nicht, um den Spuk ja nicht etwa zu versäumen. Daher machte er Feuer, zerkleinerte Holz, setzte einen Topf mit Wasser auf und zerschnitt einen Schafsrumpf hinein. Bis dahin hatte er von Spuk nichts bemerkt. Als aber alles im Topfe war, hörte er, wie oben im Schornstein mit dumpfer Stimme gesagt wurde: «Darf ich fallen?» «Warum sollst du nicht fallen dürfen?» erwiderte er. Da fiel der obere Teil eines Mannes durch den Schornstein, ein Kopf mit Schultern und Armen und Händen daran, und dieses Stück blieb eine Weile, ohne sich zu bewegen, auf dem Fußboden liegen. Da hörte der Bursche, wie oben im Schornstein wiederum gefragt wurde: «Darf ich fallen?» Und wiederum sagte er: «Warum solltest du nicht fallen dürfen?» Da fiel aus dem Schornstein der mittlere Teil eines Mannes bis zu den Schenkeln herab, fiel neben das erste Stück und blieb regungslos liegen. Da hörte der Bursche noch einmal, wie oben im Schornstein gefragt wurde: «Darf ich fallen?» Er antwortete auch diesmal: «Warum solltest du nicht fallen dürfen? Du mußt doch etwas haben, worauf du stehen kannst!» Da kamen die Beine eines Mannes herab; die waren ungeheuer groß wie auch die andern Teile, die zuerst heruntergefallen waren. Als nun alles unten war, lagen die Stücke eine Weile ruhig da. Aber dem Burschen wurde das zu langweilig, er trat an sie heran und sprach: «Da du nun ganz und gar beisammen bist, wär's am besten, wenn du ein wenig herumkrauchtest.» Da setzten sich die Stücke zusammen, und es wurde ein fürchterlich großer Mann daraus. Er sprach kein Wort mit dem Burschen und ging aus der Küche hinaus ins Vorderhaus.

Der Bursche ging dem großen Mann auf Schritt und Tritt nach. Er ging in ein großes Zimmer vorn im Haus und an eine große Kiste. Die schloß er auf, und der Bursche sah, daß sie voller Geld war. Nun nahm der große Mann aus der Kiste eine Handvoll Geld nach der andern und warf sie rückwärts über seinen Kopf, daß sie zu Boden fielen. So trieb er es die ganze Nacht hindurch, bis die Kiste leer war. Dann griff er in den Haufen, der nun hinter ihm lag, und warf ihn wieder über seinen Kopf weg in die Kiste hinein. Der Bursche stand während des ganzen Spiels dabei und sah, wie die Goldstücke auf dem Estrich umherrollten. Das Gespenst arbeitete nun mächtig, das Geld wieder in die Kiste zu werfen, und kehrte mit den Händen die beiseite gerollten Münzen eifrig zusammen. Da verstand der Bursche, daß es glaubte, der

Morgen sei nicht mehr fern, und daß es sich deshalb so sputete. Als nun alles Geld wieder in der Kiste war, wollte das Gespenst sich eiligst entfernen. Der Bursche sagte, dazu sei doch kein Grund da. «Wohl», sagte das Gespenst, denn der Tag sei nun nah. Es wollte an dem Burschen vorbei, der aber hielt es fest und wollte es hindern. Da ward das Gespenst böse, packte den Burschen und sagte, das solle ihm übel bekommen, daß er ihm das Hinausgehen verwehren wolle. Der Bursche merkte bald, daß er schwächer war als das Gespenst, deshalb begnügte er sich damit, vor den allzu schweren Hieben auszuweichen und womöglich nicht hinzufallen, und so ging es eine Weile fort. Die Zimmertür stand dabei offen, und einmal, als das Gespenst ihr den Rücken zuwandte, wollte es den Burschen an seine Brust emporheben, um ihn dann heftiger niederzuwerfen. Der Bursche merkte, was vorgehen sollte und daß dies sein Tod sein würde. Da wandte er eine List an und warf sich selber dem Gespenst so heftig entgegen, daß es rücklings niederstürzte und die Schwelle ihm mitten unter den Rücken geriet und der Bursche obenauf lag. Und in dem Augenblick, als das Gespenst mit dem Kopf zur Türe hinausflog, schien ihm das Tageslicht in die Augen. Da sank es in zwei Teilen rechts und links von der Schwelle in die Erde hinab und verschwand. Der Bursche war wohl ein wenig steif und zerschlagen von den harten Griffen, machte aber doch sogleich zwei Kreuze aus Holz und steckte sie dort in den Boden, wo die beiden Teile verschwunden waren, eins innerhalb, eins außerhalb der Zimmertür. Dann legte er sich hin und schlief, bis die Bischofsleute am Morgen heimkehrten und es hellichter Tag war.
Als sie ihn lebendig wiedersahen, begrüßten sie ihn freudiger als beim Abschied am Abend vorher, und sie fragten ihn, ob er denn keinen Spuk in der Nacht bemerkt habe. Er sagte, er hätte keinen bemerkt, aber was er auch sagte, so wollten sie es ihm doch nicht glauben.
Er blieb nun diesen Tag ruhig auf dem Hofe, denn erstens war er noch müde von dem Kampf mit dem Gespenst, und zweitens wollten ihn die Leute nicht fortlassen, weil sie sich an ihm ermutigten. Als sie am Abend wieder fortgehen wollten, versuchte er auf jede Weise, ihnen dies auszureden, und versicherte, daß der Spuk ihnen keinen Schaden bringen würde. Aber es half nichts, sie machten sich davon, waren aber wenigstens nicht mehr so sehr in Sorge um ihn. Er selber schlief die Nacht durch ungestört bis zum Morgen. Als die Leute zurückkamen, fragten sie ihn wieder nach dem Spuk, er aber sagte, er hätte nichts davon gemerkt und sie hätten in Zukunft auch nichts mehr zu be-

fürchten. Dann erzählte er ihnen die ganze Geschichte, zeigte ihnen die Kreuze im Fußboden und die Kiste mit Gold. Sie dankten dem Burschen höflich für seine Tapferkeit und baten ihn, sich zu wünschen, was er wolle, Geld oder Gut, und stellten ihm frei, auf Skalholt zu bleiben, solange er wolle. Er danke ihnen, sagte aber, daß er weder das eine noch das andere wolle und daß er nur noch bis morgen bleibe. Und in dieser Nacht schliefen alle Leute wieder auf dem Hof und merkten nichts mehr von Spuk. Morgens machte sich der Bursche zum Aufbruch fertig, wie sehr ihn die Leute auch halten wollten. Er sagte, er sei hier nun überflüssig, verließ Skalholt und wandte sich nördlich auf die Sommerweideplätze zu.

Es ereignete sich nun eine Zeitlang nichts Besonderes, bis er eines Tages an eine Höhle kam. Er ging hinein und sah keinen Menschen, aber in einer Seitenhöhle standen zwölf Betten, immer sechs in einer Reihe sich gegenüber. Die Betten waren noch nicht gemacht, und da es noch nicht ganz Abend war und die Höhlenbewohner noch nicht sogleich zu erwarten waren, ging er daran, alle Betten zu machen. Dann legte er sich selbst in das äußerste Bett der einen Seite, deckte sich gut zu und schlief ein. Nach einer Weile ward er durch lautes Umhergehen in der Höhle erweckt und hörte, daß viele Männer gekommen waren, die sich darüber verwunderten, wer wohl gekommen sei und ihnen den Dienst erwiesen habe, ihre Betten zu machen. Darüber verdiene er ihren Dank, wie sie sagten. Nach dem Essen, schien es ihm, gingen sie alle zu Bett. Als aber der, dem das äußerste Bett der einen Reihe gehörte, die Decke zurückschlug, da erblickte er den Burschen. Nun dankten sie ihm für seinen Dienst und baten ihn, immer zu ihrer Hilfe dazubleiben. Sie selbst müßten früh bei Sonnenaufgang täglich die Höhle verlassen, sonst kämen ihre Feinde, um sie dort zu bekämpfen, und deshalb hätten sie gar keine Zeit für ihre eigene Wirtschaft.

Der Bursche ging darauf ein, fürs erste bei ihnen zu bleiben. Dann fragte er sie, wie es denn käme, daß sie Tag für Tag einen so schweren Kampf kämpfen müßten, der niemals ein Ende nähme. Die Höhlenbewohner sagten, jene Männer seien ihre Feinde und sie hätten schon früher manch schlimmen Streit mit ihnen gehabt. Und sie selber seien immer die Sieger gewesen und auch jetzt noch würden jene Abend für Abend von ihnen besiegt und getötet. Aber nun verhalte es sich so, daß des Morgens die Feinde immer wieder von neuem lebendig und noch wilder und böser seien denn je zuvor, und sicherlich würden die Feinde sie hier in ihrer eigenen Höhle überfallen, wenn sie nicht bei Son-

nenaufgang schon bereit auf dem Kampfplatz stünden. Dann legten sie sich nieder und schliefen bis zum nächsten Morgen.
Als die Sonne aufging, zogen die Höhlenmänner schwer bewaffnet von dannen, baten aber zuvor den Burschen, sich um die Höhle und um die Wirtschaft zu kümmern, was er ihnen auch gern versprach. Aber am Tage ging der Bursche in einen Nußwald, der in der Richtung lag, wo er sie hatte am Morgen verschwinden sehen, denn er wollte erfahren, wo jener Kampf sich abspiele. Als er das Kampffeld ermittelt hatte, eilte er wieder in die Höhle zurück. Dann machte er die Betten, fegte die ganze Höhle und tat alles, was sonst noch zu besorgen war. Am Abend kamen die Höhlenbewohner matt und müde heim und waren froh, daß der Bursche alles so gut besorgt hatte, so daß sie selbst nur zu essen und danach sich schlafen zu legen brauchten. Sie schliefen auch alle sogleich ein außer dem Burschen. Der lag wach und überlegte, wie es zugehen könne, daß die Feinde der Höhlenmänner nachts wieder lebendig würden. Und wie er nun merkte, daß sie alle schliefen, stand er auf, nahm unter ihren Waffen die, die ihm am besten gefielen, und nahm sie mit. Dann machte er sich auf den Weg nach dem Kampfplatz und erreichte ihn kurz nach Mitternacht. Hier war nichts zu sehen außer den Leibern der Gefallenen und ihren abgeschlagenen Köpfen.
Er wartete nun dort eine Weile, da sah er bei Tagesgrauen, wie ein Hügel nicht weit von dem Kampfplatz sich auftat und daraus eine Frau hervorkam, die hatte einen blauen Mantel an und trug in der Hand eine Büchse. Er sah sie geradewegs nach dem Kampfplatz gehen, bis sie zu einem der Gefallenen kam. Da strich sie mit der Hand etwas aus der Büchse auf das Halsende am Rumpfe des Toten und auf das Halsende am Kopf, setzte dann den Kopf auf den Leib, und da saß er sofort fest, und der Tote war wieder lebendig. So machte sie es noch mit zwei oder drei andern, die auch sofort wieder lebendig wurden. Da sprang der Bursche auf die Frau zu und gab ihr den Todesstreich, denn nun verstand er, wieso die Feinde der Höhlenmänner immer wieder lebendig wurden. Dann erschlug er diejenigen, die die Frau soeben wieder lebendig gemacht hatte. Danach versuchte er es selbst, ob es ihm gelingen würde, die Gefallenen genauso wieder lebendig zu machen, er strich etwas von der Büchse auf ihren Hals, und es gelang so gut wie vorhin. Und nun vergnügte er sich damit, die Gefallenen abwechselnd wieder lebendig zu machen und zu töten, bis endlich die Sonne aufging.

Da kamen nun auch, zum Kampfe bewaffnet, seine Gesellen aus der Höhle herbei. Sie waren sonderbar überrascht gewesen, als sie gemerkt hatten, daß er verschwunden war und einige ihrer Waffen mit ihm. Als sie aber auf den Kampfplatz kamen, schien ihnen sich ihre Sache zum Besseren gewandt zu haben, denn alle ihre Feinde lagen tot und bewegungslos da. Da erblickten sie den Burschen und begrüßten ihn freudig, auch fragten sie ihn, wie er denn hierhergekommen sei. Da erzählte er ihnen alles, was geschehen war und wie das Elbenweib die Erschlagenen wieder habe lebendig machen wollen. Er zeigte ihnen die Salbenbüchse, nahm einen der Toten, bestrich ihn mit Salbe und setzte ihm den Kopf auf. Da lebte er sogleich wieder auf wie zuvor, die Gesellen aber schlugen ihn alsbald wieder tot.
Nun dankten die Höhlenbewohner dem Burschen mit vielen höflichen Worten für seine Tapferkeit, baten ihn, bei ihnen zu bleiben, solange er wolle, und boten ihm Geld an für seine guten Dienste. Er dankte ihnen und nahm es gern an, bei ihnen zu bleiben.
Nach alledem waren die Höhlenbewohner so vergnügt und ausgelassen, daß sie anfingen, lauter dummes Zeug zu treiben. So wollten sie auch probieren, wie es mit dem Sterben sei, da sie einander ja wieder lebendig machen konnten. Sie töteten sich nun gegenseitig, strichen Salbe auf und machten sich sofort wieder lebendig. Daran hatten sie eine ganze Weile großen Spaß.
Einmal nun hatten sie auch dem Burschen den Kopf abgehauen und ihn dann verkehrt mit dem Gesicht nach dem Rücken und dem Hinterkopf nach vorn wieder aufgesetzt. Wie nun der Bursch sein Hinterteil sah, da wurde er plötzlich wie wahnsinnig vor Grauen und bat sie um alles in der Welt, ihn von dieser Qual wieder zu erlösen. Da liefen die Höhlenmänner sofort wieder herbei, hieben den Kopf von neuem ab und setzten ihn wieder richtig auf. Da kamen ihm Vernunft und Besinnung wieder, und er war wieder so keck wie zuvor.
Nun schleppten die Gesellen alle Leiber der Erschlagenen zusammen, beraubten sie der Waffen und verbrannten sie mitsamt der Elbenfrau, die mit der Salbenbüchse aus dem Hügel gekommen war. Dann gingen sie in den Hügel, nahmen alle Schätze, die sie da fanden, heraus und schafften sie heim in ihre Höhle. Der Bursche blieb fortan bei ihnen, und es gibt von da ab keine Geschichten mehr über ihn.

Dieses Märchen (2) ist ein Parallelmärchen zum Grimmschen «Von einem der auszog, das Fürchten zu lernen». Dieser Märchentypus ist sehr verbreitet, er kann auf der ganzen Welt angetroffen werden. Die Heldentaten der Helden sind unterschiedlich voneinander, gleich bleibt sich, daß diese Märchen sich nicht genug tun können, die Taten ihres kecken Helden auszumalen. So sehr immer empfunden wird, daß die Furcht nicht zu kennen eigentlich ein Mangel ist, so sehr bekommt man das Gefühl, wenn man diese Märchen in großer Zahl liest, daß die Erzähler sich in ihrer Identifikation mit einem so kecken Helden sehr wohl fühlen, daß dieser kecke Held ein Ideal-Bild ist, auch wenn von Anfang an klar ist, daß ihm etwas fehlt, was zum Menschen gehört, und daß der Held eigentlich unmenschlich – oder vielleicht besser vormenschlich ist. Diese Märchen beschreiben denn auch einen Entwicklungsprozeß, an dessen Ende der Held Angst, Gruseln, Furcht oder Grauen empfinden kann, meistens ohne seine Keckheit bei diesem Prozeß verloren zu haben. In vielen Versionen dieses Märchentyps kann er dann auch zu der Frau, die er durch die kecken Heldentaten sich erobert hat – so nebenbei, wie es scheint, denn er war ja darauf aus, das Fürchten zu lernen –, wirklich eine Beziehung aufnehmen. Die Möglichkeit, Angst zu spüren, und die Fähigkeit, eine Beziehung einzugehen, werden von diesen Märchen oft in *einem* Zusammenhang gesehen.

Versuchen wir nun, den Entwicklungsprozeß unseres Märchenhelden, dessen Ziel das Erleben der Angst, des Grauens ist, zu verstehen.

In unserem Märchen empfindet der Bursche seinen Mangel an Angst nicht, es ist vielmehr die Umgebung, die das bekümmert, die Eltern und die Verwandten. Und wenn wir den Anfang des Märchens hören, dann scheint es, als

ob Eltern und Verwandte einfach darüber bekümmert sind, daß sie den Burschen mit nichts erschrecken können, daß sie also überhaupt keine Autorität für ihn sein können, daß für ihn überhaupt nichts bedrohlich ist.
So schicken sie ihn denn zum Pfarrer. Früher geschah es oft, daß, wenn die Eltern nicht mehr zurechtkamen mit den Kindern, diese zum Pfarrer geschickt wurden. Der sollte ihnen dann den Kopf zurechtsetzen. Vordergründig mag das auch mitspielen in diesem Märchen: Der Bursche wird zu einer «Autorität» geschickt. Der Pfarrer soll aus ihm etwas machen und ihm gleichzeitig die Furcht beibringen. Die Furcht muß also im Zusammenhang stehen mit etwas Religiösem, mit der Verbindung zum Göttlichen. Wenn der Pfarrer ihm Furcht beibringen muß, dann denke ich an «Gottesfurcht», im weitesten Sinne an die Notwendigkeit des Menschen, seinen Platz im Umgang mit Numinosem zu finden, seinen Platz als Mensch überhaupt zu finden. In diesem Sinne beginnt beispielsweise Luther seine Auslegung der 10 Gebote im Katechismus immer mit dem Satz: «Wir sollen Gott fürchten und lieben...». Wenn der Bursche wirklich vor gar nichts Angst hat, dann gibt es für ihn keine Gefahr, dann identifiziert er sich mit allem Mächtigen, fühlt sich omnipotent. Der Pfarrer könnte der sein, der ihm eine Beziehung zu etwas Transzendentem, Mächtigem vorleben könnte anstelle seiner Identifikation damit.
Das glückt dem Pfarrer hier im Märchen aber nicht. Zwar legt er dem kecken Burschen Leichen in den Weg, er konfrontiert ihn mit der Erfahrung der Vergänglichkeit des Menschen, mit dieser Erfahrung, die den Gegenpol zu allen Omnipotenz-Phantasien der Menschen ausmacht. Letztlich ist es dann auch in diesem Märchen die Erfahrung von Leben und Sterben, von Tod, die dem Burschen

das Grauen beibringt. Die Situation beim Pfarrer ist ein erster Schritt auf diesem Weg. Es findet nicht das erhoffte Erschrecken statt, der Bursche behandelt die Toten wie Holzpuppen, ohne jedes Gefühl. Es ist wohl nicht zufällig, daß das Märchen sagt, diese Situation spiele sich im Winter ab. Mit der Angst, die nicht vorhanden ist, sind vielleicht auch andere Gefühle verdrängt, klar wird aber auch, daß Gefühle der Ehrfurcht den Toten gegenüber nicht vorhanden sind, allerdings auch beim Pfarrer nicht. Nach dieser ersten Annäherung an das Problem des Todes wird der Bursche weggeschickt. Wegschicken im Märchen bedeutet immer, daß der Entwicklungsweg weitergehen muß.

Was für ein Typus Mensch ist hinter dem kecken Burschen verborgen? Das Märchen nennt ihn keck, forsch, aber auch ausgesprochen hilfsbereit, vergnügt, neugierig, überzeugt, daß ihm nichts mißlingen kann. Wenn er Hunger hat, dann verschafft er sich Nahrung, wenn ihm nach Abenteuern zumute ist, verschafft er sich diese. Da er keine Angst hat, haben die andern Angst um ihn; sie fürchten, daß er seine Grenzen nicht kennt. Ein Aspekt der Angst ist ja, daß uns unsere Grenzen bewußt werden. Es ist sehr sinnvoll, vor einem sehr hohen Berg Angst zu haben, man könnte herunterfallen, wenn man ihn besteigt...

Wenn ich ihn omnipotent nannte, dann nicht in dem Sinne, daß er über andere Menschen verfügen will, zumindest nicht bewußt, sondern gemeint ist Omnipotenz als Lebensgefühl, daß eben alles möglich ist, was er will, daß alles vorhanden ist, was er braucht, daß er auf seine Kräfte vertrauen kann. Es geht von ihm eine Atmosphäre des fraglosen, naiven Vertrauens aus, ein Gefühl von Weite, von Kraft. Das Märchen erwähnt denn auch, dass die Leute von Skalholt sich an ihm «ermutigten».

Mich fasziniert einerseits dieser kecke Bursche, er weckt in mir auch Emotionen der Weite, der Kraft, er «ermutigt» mich, andrerseits aber erschreckt er mich auch. Das ist wohl auch die tiefere Absicht des Märchens. Dadurch, daß der Bursche so angstlos dargestellt wird, weckt er in uns die Sehnsucht nach dieser Möglichkeit des Menschen, dadurch wird aber auch der andere Pol dieser Angstlosigkeit konstelliert, die Angst, das Erschrecken. Also nicht nur die Verwandten im Märchen ängstigen sich um ihn, vielleicht ängstigen sich die verwandten Menschen überhaupt. Der Gegenpol der Angst wäre diesem Märchen entsprechend die Kühnheit, die Forschheit, letztlich aber ein Rausch des Getragenseins von den nur guten Umständen.

Wenn wir den Märchenhelden als Modell für einen Menschen ansehen wollen, der eine wichtige Entwicklung machen muß, dann als Modell für einen Menschen, der leicht manisch (ich fasse das nicht pathologisch auf) lebt, seine Grenzen nicht kennt, aber da er über gute Kräfte verfügt, auch nicht einfach scheitert; und obwohl alles zum besten zu sein scheint, das Gefühl der Ruhelosigkeit hat, weil eine Dimension fehlt. Anders ausgedrückt: ein Mensch, der im positiv Mütterlichen geborgen und gefangen ist und der das negativ Mütterliche (die Todesmutter) verdrängt. Das Leben dieser Menschen wird langweilig und leer, besonders dann, wenn niemand da ist, der sie bewundern kann wegen der Möglichkeiten, die mit der Identifikation mit der nur guten Mutter entstehen. Der Einbruch des ganz anderen wird vermieden. Das Gefühl für die Vergänglichkeit und dadurch für die Wichtigkeit des Gegenwärtigen fehlt.

Das Märchen schickt den Helden auf einen Weg, wo er mit kirchlichen Autoritäten und mit dem Tod konfrontiert wird. Die nächste Prüfung, die nächste Auseinandersetzung mit dem Problem, findet in Skalholt statt. Skalholt

ist ein Ortsname, der aber in sich schon recht symbolisch ist, übersetzt heißt Skalholt «Schädelhügel» oder «Schalenhügel». Da das Märchen ankündigt, daß der Bischof gestorben ist, wird klar, daß nun das Geheimnis des Sterbens, der andern Welt in anderer Qualität auftauchen wird. Der Bischof ist ja auch eine «größere Autorität» als der Pfarrer. Seit der Bischof gestorben ist, spukt es in der Nacht. In den Sagen spuken jene Gestalten, die nicht zur Ruhe kommen können. Wenn ein Mensch ihre Not zur Kenntnis genommen hat, sind sie meistens erlöst. Diese spukenden Gestalten können als Aspekte des Unbewußten angesehen werden, die verdrängt sind, zu einem gewissen Zeitpunkt aber aktiviert werden, vom Bewußtsein zur Kenntnis genommen werden wollen, teilhaben wollen am Lebensvollzug. Wir kennen ja den Ausdruck: irgend etwas spukt da herum. Wir gebrauchen diesen Ausdruck in Situationen, in denen wir spüren, daß eine noch nicht näher faßbare Kraft uns stört, uns irritiert, das heißt aber auch, uns mit Beschlag belegt.
Dieser Spuk macht sich bemerkbar, nachdem der Bursche in der Küche Dörrfleisch in einen Topf zerschneidet und das Ganze zum Kochen bringen will. Er will sich nähren, es ist genug vorhanden, die Wirtschaft wird als reich geschildert. Aber statt daß er sich nähren darf, muß er sich mit diesem Geist auseinandersetzen. Daß der Geist durch den Schornstein kommt, ist üblich für Märchen. Hexen fahren zum Beispiel auch durch den Schornstein aus und ein, auch die Toten benutzen den Schornstein. Möglicherweise ist es der Höhlencharakter eines Schornsteins, der die Verbindung zum Geisterreich symbolisieren kann, allenfalls auch die Schwärze. Das Feuer und besonders der aufsteigende Rauch werden ja auch mit dem Geisterreich in Verbindung gebracht. Der Herd wird immer auch als Zen-

trum der Familie angesehen, als Symbol der menschlichen Gemeinschaft – aber auch als Symbol der Verwandlung. Die Verwandlung findet offenbar statt durch den Geist, der aus dem Schornstein fällt. Er fällt in drei Teilen. Wir hatten schon beim Pfarrer drei Leichen. Jetzt hat sich unser Held nur noch mit einer Leiche zu befassen, das Problem konzentriert sich einerseits, andrerseits nähert es sich ihm Stück für Stück.

Ich könnte mir vorstellen, daß die Konfrontation beim Pfarrer mit den Leichen zu bedrohlich war, daß der Bursche deshalb die ganze Angst einfach verleugnen mußte. Vergleichbar damit, wenn in der Therapie eine Deutung, gerade auch eine Deutung in Richtung Angst vor der Vergänglichkeit, bei jemand Submanischem zu früh gegeben wird und diese Deutung, samt der Emotion, die damit verbunden ist, total verdrängt wird. Damit aber hat man einen Prozeß in Gang gebracht; das Angstmachende wird später, in Portionen, zugelassen.

Was im Märchen erstaunt, ist, wie der Bursche mit den einzelnen Körperstücken umgeht, als wären es seinesgleichen, als würde ihn das überhaupt nicht verwundern. Er erlebt das Gespenst zunächst nicht als Gefahr, nicht als Einbruch von etwas ganz anderem. Er ermutigt es sogar, sich zusammenzusetzen und sich zu bewegen. Hier zeigt sich einerseits der Vorteil seiner Naivität: Wenn etwas sich ereignet, kann er es zulassen, er kann sogar interessiert zuschauen, wie sich die Situation verändert. Andrerseits zeigt sich auch wieder, daß er kein Gefühl hat für die Gefährlichkeit der Situation, die sich dann darin ausdrückt, daß er beim Kampf mit dem Gespenst in eine Situation kommt, in der er das Leben verlieren könnte.

Aber versuchen wir zunächst herauszufinden, was denn das Geheimnis dieses Spuks ist, was für ein Problem da unerlöst ist. Die Spukgestalt zeigt in dem, was sie ausführt, welches ihr Problem ist, der Bursche zeigt in der Art, wie er damit umgeht, wie er mit diesem Problem umzugehen hat. Der Spuk, der fürchterlich große Mann, benimmt sich sehr autonom. Jung beschreibt in «Über psychische Energetik» (3), Geister seien autonome Komplexe, Komplexe, die nicht ans Bewußtsein angeschlossen sind. Diese autonomen Komplexe phantasieren sich gleichsam aus. Das ist erlebbar, wenn man einen Menschen bittet, das, was herumspukt, Ahnungen, Spannungen, Sehnsüchte etc., in einem Bild darzustellen. Der fürchterlich große Mann stellt sein Problem dar, indem er in ein Zimmer geht mit einer Kiste voller Geld, dieses hinter sich wirft, sich dann wieder umdreht und das ganze Geld wieder in die Kiste wirft.

Das Geld zählende Gespenst kommt in der Volksliteratur häufig vor: Menschen, die sich offenbar nicht vom Geld trennen konnten während ihrer Lebenszeit, können es auch im Tode nicht. Das ist wohl als Hinweis darauf aufzufassen, sich beizeiten von seinem Geld zu trennen, da man sonst ewig Geld zählen muß. In diesem Märchen scheint das Geld-über-den-Kopf-Werfen und es dann doch wieder sammeln einmal an Sisyphus-Arbeit zu erinnern. Über den Kopf werfen oder über die Schultern werfen ist aber ein häufig anzutreffendes Märchenmotiv. Etwas hinter sich werfen bedeutet, daß man es opfert. In den Märchen, in denen es um magische Flucht geht, wo eine Gestalt vor einer übermächtigen Hexe etwa flieht, da werden diese Gegenstände meistens sehr groß, zum Beispiel wird eine Bürste zu einem Wald. Das Opfer schützt dann den fliehenden Menschen oder rettet ihm sogar das Leben. In unserem Märchen ist es nicht wirklich ein Opfer. Der Fluch scheint gerade darin zu bestehen, daß zwar zunächst

durch den Tod des Bischofs das Geld unfreiwillig geopfert werden muß, damit natürlich auch Macht, daß aber das Geld nicht wirklich geopfert worden ist (der Bischof hat nie eingewilligt in Tod und Geldverlust), sondern das Geld wieder eingeschlossen wird, es bleibt verfügbar, der Modus des Habens bleibt erhalten. Es ist also kein wirkliches Opfer, das Bild stellt wohl dar, was der Bischof – ich meine doch, daß der Bischof verborgen ist hinter dem Gespenst – hätte tun müssen: sein Geld, seine Macht opfern und damit die Vergänglichkeit akzeptieren. Der Fluch besteht darin, daß er es nicht kann.
Habenwollen ist Ausdruck für Angst vor Verlust, vor Veränderung, letztlich vor Depotenzierung. Habenwollen kann man sehen als Abwehr gegen die «Abschiedlichkeit» (Weischedel: 4). Da der Mensch sterben muß, greift der Tod immer auch schon ins Leben herein in der Form, daß Leben abschiedlich ist, daß alles immer wieder vorbeigeht. Gegen diese Abschiedlichkeit brauchen wir, um nicht zu resignieren, das Schöpferische, den Willen zum Gestalten des Daseins. Das Habenwollen und damit verbunden die Macht scheinen mir die Schattenseite des Schöpferischen zu sein.
Übertragen auf einen einzelnen Menschen könnte man diese Situation so verstehen, daß jemand, der seine Angst sehr verdrängt hat oder überhaupt sich noch so omnipotent fühlt, daß für ihn gar keine Gefahr besteht, sich identifiziert mit allem Mächtigen dieser Welt, daher etwas naiv, kühn und voll guten Mutes submanisch – vielleicht auch hysterisch – daherlebt. Immerhin merkt er aber doch, daß ihm etwas fehlt, daß ihm etwas sogar sehr fehlt, sei es, daß er dies aus eigenem Antrieb spürt, sei es, daß er von andern Menschen darauf gestoßen wird. Er merkt plötzlich, daß er ein großes Problem hat um Macht und um Habenwol-

len, gleichzeitig aber auch mit Hergebenmüssen. Dieses Problem überfällt ihn, kommt über ihn. Es ist bestimmt nicht zufällig, daß das Gespenst das erste Mal auftaucht, als der Bursche essen will.
Es geht nun darum, wie er mit diesem «Komplex», mit diesem Problem umgeht. Der Bursche läßt zunächst zu, daß das Gespenst sich in seinen Bewußtseinskreis begibt. Durch die Aufmerksamkeit, die er den Teilen zuwendet, kann sich das Gespenst zusammensetzen. Dann folgt der Bursche ihm, er schaut also, was denn das Geheimnis ist hinter dem Gespenst. Er läßt das Gespenst sich selber deuten. Nachdem er nun das Geheimnis kennt, beginnt er mit dem Gespenst zu kämpfen. Es erfolgt also die Auseinandersetzung mit diesem Gespenst, damit aber auch die wirkliche Bewußtwerdung. Für mich wirkt diese Stelle der Geschichte wie eine Anweisung zur Auseinandersetzung mit einem übermächtigen Komplex. Man läßt ihn, wie schon gesagt, sich darstellen, schaut also, wo, wann, wie er wirkt, und dann versucht man, sich damit auseinanderzusetzen, ihm nicht zu erlauben, daß er wieder ins Dunkel der Nacht entschwindet, also nicht wieder unbewußt wird.
Dabei braucht im Märchen der Bursche letztlich eine List. Listig zu sein bedeutet immer, daß man die Schliche des andern kennt. Ich kann nur listig sein, wenn ich weiß, was der andere vorhat. Die Voraussetzung der List ist eine Identifizierung mit dem Gegner und dann auch eine Distanzierung. Das heißt, auf das Problem übertragen: Das Problem kann in dem Moment überwunden werden, in dem man es durchschaut hat, sich nicht mehr vom Problem an die Wand drücken läßt, sondern selber aktiv etwas unternimmt. Zwar merkt der Bursche im Märchen, daß es ihm ans Leben gehen könnte, aber er verspürt nicht

etwa Angst, sondern handelt. Trotzdem meine ich, daß ihm klar wird, daß er nicht unsterblich ist.
Das Gespenst zerfällt in zwei Teile – im Tageslicht, auf der Schwelle. Das Problem ist nun ans Tageslicht gehoben, es ist zumindest in dieser Form bewältigt und überwältigt. Daß die eine Hälfte innerhalb der Schwelle versinkt, die andere Hälfte außerhalb der Schwelle, könnte damit zu tun haben, daß ein Teil des Problems immer noch Problem bleiben wird, der Teil, der innen ist, hat ja das Tageslicht noch nicht erblickt. Es ist aber auch die untere Hälfte des großen Mannes. Es könnte also bedeuten, daß die untere Seite des Problems noch nicht gesehen wird. Der große Mann kam ja auch zuerst mit dem Kopf durch den Kamin. Die untere Seite aber, das meint: unsere ganzen Verdauungs- und Ausscheidungsorgane, die sexuellen Organe, die ja alle in sehr direktem Kontakt stehen zum Erlebnis der Sterblichkeit und zum Festhalten und Weggeben. Gerade die Verdauung macht uns ja immer wieder klar, daß wir sehr vergänglich sind.
Es bleibt zu bedenken, weshalb diese Auseinandersetzung mit der Seite des Habens, des Nicht-wirklich-Hergeben-Könnens, auf dem Bischofshof stattgefunden hat, das Gespenst auch mit größter Wahrscheinlichkeit der Bischof ist. Märchen haben immer auch einen kollektiven Aspekt. Bestimmte Märchen können nur in einer ganz besonderen äußeren Situation entstehen. Es ist denkbar, daß das Märchen in einer Zeit entstanden ist, in der eine Tendenz dahin bestand, Tod und Vergänglichkeit wenig ernst zu nehmen, sich selber recht selbstherrlich zu gebärden, Macht und Reichtum anstelle einer Verbindung zu Jenseitigem zu sehen, und daß in dieser Zeit die Menschen, die eigentlich die Verbindung zum Jenseitigen halten müßten, ebensosehr dem Diesseitigen verfallen. Mir scheint, daß in der Kir-

chengeschichte diese Mißstände so oft gegeißelt worden sind oder vorhanden gewesen sind, daß wir daraus das Märchen nicht datieren können.

Natürlich können wir, wenn wir das Märchen eher aus der Perspektive eines Individuums ansehen, diesen Bischof auch als Autoritätsperson ansehen, den Bischof als Gespenst dann sehen als einen verdrängten Autoritätskomplex, den wir ja häufig antreffen bei Menschen, die keine Autoritäten anerkennen. Hinter diesem Autoritätskomplex, der verknüpft ist mit Macht, würde dann wohl auch eine religiöse Problematik stecken.

Der Bursche bewegt sich nun auf die Sommerweiden zu, den Ort, wo das Leben sich abspielt im höchsten Sommer. Es ist also die entscheidende Bewußtseinsklärung zu erwarten, aber auch das Erleben des Gefühls.

Er findet zunächst eine Höhle. Höhlen werden einerseits in Verbindung gebracht mit der Geburt (Höhle als der mütterliche Schoß), mit Rückzug in die Geborgenheit, aber auch mit dem Eingang zum Totenreich. (Die Sumerer z.B. stellen sich das Totenreich in einer Höhle im Weltenberg vor.) Höhlen spielen eine wichtige Rolle bei Initiationsriten (z.B. bei den Eleusinischen Mysterien). Damit ist wohl die Regression in den Uterus und die Neugeburt ausgedrückt: Höhle also als der Ort, wo man sich symbolisch Tod und Wiedergeburt vorstellen kann. Es ist also eine ganz wesentliche Persönlichkeitsveränderung zu erwarten. Dies ist auch ausgedrückt in den 12 Betten. 12 ist eine Zahl der Ganzheit (Grundzahl des Duodezimalsystems der Babylonier), Symbol raum-zeitlicher Vollendung. Es ist eine Zahl der Vollständigkeit. Ein Zyklus (denken wir an die Stunden, an die Monate) ist vorbei. Es stehen sich aber immer 6 und 6 Betten gegenüber. Damit scheint mir ausgedrückt zu sein, daß zwar die ganze Le-

benssituation verändert wird, ein Neuanfang bevorsteht, nicht aber im Sinne einer Einheit – das Einheitserlebnis stand ja zu Beginn des Märchens –, sondern im Sinne des Erlebnisses, daß sich immer 2 Pole gegenüberstehen.
Der Bursche nimmt sich der neuen Situation an, indem er die Betten macht. Es kann darin gesehen werden, daß er vorbereitet, daß die Bewohner dieser Höhle zur Ruhe kommen. Seine Hilfeleistung wird ja dann auch überschwenglich bewertet.
Welches Problem muß jetzt gelöst werden? Die Höhlenbewohner müssen jeden Morgen mit ihren Feinden kämpfen, am Abend sind sie Sieger, aber jeden Morgen sind die Besiegten wieder lebendig und wilder als zuvor. Es sieht so aus, als könnte da auch etwas nicht tot sein, sich besiegt geben, sich verloren geben. Das bewirkt, daß ein «ewiger» Konflikt besteht. So wie der Bischof zwar als Gespenst immer wieder sein Geld aus der Kiste wirft, es aber immer wieder in die Kiste zurück muß, so werden hier die Feinde bekämpft, aber sie sind stets wieder lebendig.
Wenn nichts tot sein kann, dann ist nie etwas vorbei, es kann nicht vergeben und vergessen werden. Konflikte – das Aufrechterhalten des feindlichen Gegensätzlichen – dauern dann immer an. Ich denke in diesem Zusammenhang an streitbare junge Männer, die sich verkämpfen, meistens mit andern Männern, und die, auch wenn sie «gesiegt» haben, keinen Frieden haben und das gleiche Problem immer wieder aufrollen. Das geschieht meistens sehr unbewußt, vielleicht aus einem Gefühl heraus, daß man ja auch als Sieger nie nur Sieger ist, sondern immer auch ein wenig Besiegter.
Was bewirkt in unserem Märchen, daß die Toten immer wieder auferstehen, das vermeintlich Erledigte immer wieder zurückkommt? Was steckt bei unserem Märchen hinter

diesem Kampf – oder wer? Eine Frau, die aus einem Hügel herauskommt, im blauen Mantel, die eine Büchse mit Wiederbelebungssalbe bei sich hat. Als Frau, die aus dem Hügel herauskommt, haben wir es bei einem isländischen Märchen mit einer Fee zu tun. Sie wird dann ja auch Elbenfrau genannt.

Feen enstammen der «leichtbeschwingten keltisch-französischen Fantasie». Feen verkörpern das überirdisch Gute, sie helfen manchmal den hartgeprüften Menschen, oft aber tanzen sie nur sich selbst zur Lust und Freude in *ewiger Jugend* in ihren Grotten, und sie sind «voll Widerwillen gegen die Vorstellung des Todes». (5) Sie erscheinen als Vertreterinnen des guten Prinzips, böse Taten werden ihnen nur nachgesagt, wenn sie berechtigte Vergeltungsschläge gegen undankbare Menschen führen. Die Fee muß hell, muß licht, muß leicht bleiben. In unserem Märchen ist sie auch noch mit einem blauen Mantel ausgestattet, der sie in die Nähe der Jungfrau Maria führt, also ihren himmlischen Aspekt noch mehr betont. Die Feen kommen aus dem Wunderland und haben deshalb auch wunderbare Dinge, wie etwa Tarnkappen, Ringe, die man nur zu drehen braucht, um von einem Ort an einen andern zu kommen. Diese Wunderdinge sind in den meisten Märchen dem schwer geschundenen Menschen eine wundervolle Hilfe, wie wir ja oft auch in schwierigen Situationen in eine Phantasie eintauchen und plötzlich etwas möglich wird, was zuvor nicht möglich war.

Hier in unserem Märchen aber ist die Fee gefährlich. Wenn ich zu Beginn der Interpretation sagte, daß wir es mit einem Menschen zu tun haben, der im positiven Mütterlichen geborgen und gefangen ist, dann können wir dieses «positive Mütterliche» noch näher bezeichnen als feenhaft, als zu licht – auch das Rauschhafte dürfte darin mitenthalten sein, aber nicht ein dionysischer Rausch, vielmehr ein ästhetischer Rausch, wenn schon. Der Traum, daß alles unvergänglich ist, alles immer jung, die Jugend ewig dauert, steht hinter dem Habenwollen und Nicht-Hergeben-Können, wie es uns in der Gestalt des Bischofs entgegengetreten ist, aber auch hinter dem Immer-wieder-lebendig-Machen des Feindes; hinter der Unmöglichkeit zu sehen, daß etwas vorbei ist, daß Positionen verloren sind, daß auch vergessen werden muß.

So wie die Feen in der Literatur beschrieben werden, sind sie selbst ein-fältig, sie sind zu wenig körperhaft, zu wenig real – und gerade deshalb so erholsam. Erholsam und hilfreich aber nur für den, der zwischen den Gegensätzen zerrissen ist, der zu sehr im erdhaft Bindenden steckt. Für den Burschen im Märchen ist die Fee gefährlich: Das Ideal, das sie verkörpert, bewirkt, daß die Gegensätze sich immer bekämpfen müssen.

Der Bursche versteht und tötet die Fee. Er tötet also die zu verspielte Haltung, die den Tod nicht akzeptieren kann. Aber jetzt spielt er selber das Stirb-und-Werde-Spiel, er tötet und macht lebendig, mit großer Lust. Es ist also noch keine Rede davon, daß er die Realität des Todes erkannt hätte, dem Tod wird das Grauenhafte, das Endgültige genommen. Mit den Höhlenbewohnern zusammen feiert er geradezu eine Orgie des Sterbens und des Wieder-lebendig-Machens. Es ist ein manischer Umgang mit dem Tod, ohne Ernst, mit einer großen Oberflächlichkeit. Das Gefühl ist immer noch abgespalten, hier nun aber in einer Form, die dem Zuschauer das Grauen über den Rücken jagt. Das Wesentliche am Tod, das Endgültige fehlt.

Eine solche Mentalität könnte übrigens dafür verantwortlich sein, daß in vielen Krimis oder Wildwestfilmen die Menschen wie die Fliegen sterben. Da es «nur» im Film ist, nehmen wir es ja nicht ganz ernst, wir wissen, daß der Schauspieler weiterlebt. Dennoch meine ich, daß eine sehr unernste, omnipotente Haltung des Menschen, der irgendwie glaubt, auch über Tod und Leben beschließen zu können, hinter diesen Filmen steckt, das heißt aber, daß wir als Kollektiv von dieser Haltung angekränkelt sind. Ich denke im Zusammenhang mit diesem «Stirb-und-Werde-Spiel» im Märchen aber auch an Suizidphantasien von gewissen Suizidalen, die mit dem Selbstmord spielen. Leben und Sterben wird zu einem Spiel, das die andern erschreckt, sie selber aber zu wenig. Daran, daß der Tod unumkehrbar ist, denken sie nicht. – Unser Bursche ist vollkommen identifiziert mit der Haltung, die er eigentlich töten wollte, die er verhindern wollte. Er tötet selber drauflos. Aber es ist ja meistens so, daß ein Verhaltensmuster auf die Spitze getrieben wird und sich dann eine wesentliche Veränderung anbahnt. Der Kopf wird ihm verkehrt aufgesetzt, und als der Bursche sein Hinterteil sieht, da wird er «wie wahnsinnig vor Grauen». Der falsch aufgesetzte Kopf und damit eine Perspektive, die er noch nie hatte, bringt das Grauen. Der Anblick des Hinterteils löst das Grauen aus. Das Hinterteil erinnert uns daran, daß wir eine sehr kreatürliche Seite haben, eine animalische Seite. Am Anus wird uns das Schicksal alles Leiblichen vor Augen geführt: Was wir zu uns nehmen, muß wieder ausgeschieden werden, alles Leibliche verfällt, stirbt. Die Endlichkeit ist nicht zu übersehen. Das Bedrohtsein auch nicht.

Indem der Bursche fast wahnsinnig wird vor Grauen, muß er auch einmal die andern bitten, etwas für ihn zu tun. Er ist nicht nur der strahlende Held, der andern hilft, er braucht auch Hilfe. Und das, verbunden damit, daß er nun um die Körperlichkeit existentiell weiß, aber auch um die Vergänglichkeit, macht ihn menschlich.

Stellen wir uns wieder einen individuellen Menschen vor, der nun zwar weiß, daß Leben *und* Tod das Leben ausmachen, aber noch manisch verspielt mit dieser Erkenntnis herumspielt. Zwar weiß er, daß prinzipiell alles vergänglich ist, aber prinzipiell, nicht für ihn. Bekanntlich sterben immer alle andern Menschen. Und dann kann ihm über seinen Körper und vermutlich über den Akt des Defäkierens blitzartig klar werden, daß wir hergeben müssen, was wir zu uns nehmen, daß unser Körper wirklich vergänglich ist und daß wir abhängig sind von diesem kreatürlichen Körper, daß die schönsten Ideen zusammengesehen werden müssen mit diesem Körper, der zerfällt. Meistens fallen die Menschen bei dieser Erkenntnis in eine Depression, ich meine aber, in eine heilsame Depression. Sie finden in ihr Tiefe, Realität – die schmerzliche Realität des Menschen. Unser Märchen betont dann, daß der Bursche so keck war wie zuvor und daß er alle Reichtümer aus dem Feenhügel heraus in die Höhle brachte. Jede Einstellung, auch eine einseitige, birgt Schätze, die den Reichtum für das zukünftige Leben darstellen. Die toten Feinde können nun begraben werden.

Wenn das Märchen betont, daß man nie mehr etwas von ihm gehört habe, dann ist das vom Anliegen des Märchens her zu verstehen. Das Märchen wollte ja den Entwicklungsweg zeigen von jemandem, der sich überhaupt nicht fürchtet, daher unmenschlich reagiert, und der mit Grauen entdeckt, daß er sterblich ist, daß daher Angst auch immer zum menschlichen Leben gehört, daß es immer bedroht ist. Dies zu «wissen» scheint auch eine Voraussetzung dafür zu sein, eine wirkliche Beziehung aufnehmen zu können, wie jene Märchen zeigen, in denen der kecke Held glücklich mit seiner Frau lebt, nachdem er endlich weiß, was gruseln ist.

DIE GÄNSEMAGD

Die Angst bei der Ablösung von der Mutter

Es lebte einmal eine alte Königin, der war ihr Gemahl schon lange Jahre gestorben, und sie hatte eine schöne Tochter. Wie die erwuchs, wurde sie weit über Feld an einen Königssohn versprochen. Als nun die Zeit kam, wo sie vermählt werden sollten und das Kind in das fremde Reich abreisen mußte, packte ihr die Alte gar viel köstliches Gerät und Geschmeide ein, Gold und Silber, Becher und Kleinode, kurz alles, was nur zu einem königlichen Brautschatz gehörte, denn sie hatte ihr Kind von Herzen lieb. Auch gab sie ihr eine Kammerjungfer bei, welche mitreiten und die Braut in die Hände des Bräutigams überliefern sollte, und jede bekam ein Pferd zur Reise, aber das Pferd der Königstochter hieß Falada und konnte sprechen. Wie nun die Abschiedsstunde da war, begab sich die alte Mutter in ihre Schlafkammer, nahm ein Messerlein und schnitt damit in ihre Finger, daß sie bluteten: darauf hielt sie ein weißes Läppchen unter und ließ drei Tropfen Blut hineinfallen, gab sie der Tochter und sprach: «Liebes Kind, verwahre sie wohl, sie werden dir unterwegs not tun.»

Also nahmen sie beide voneinander betrübten Abschied: das Läppchen steckte die Königstochter in ihren Busen vor sich, setzte sich aufs Pferd und zog nun fort zu ihrem Bräutigam. Da sie eine Stunde geritten waren, empfand sie heißen Durst und sprach zu ihrer Kammerjungfer: «Steig ab und schöpfe mir mit meinem Becher, den du für mich mitgenommen hast, Wasser aus dem Bache, ich möchte gern einmal trinken.» – «Wenn Ihr Durst habt», sprach die Kammerjungfer, «so steigt selber ab, legt Euch ans Wasser und trinkt, ich mag Eure Magd nicht sein.» Da stieg die Königstochter vor großem Durst herunter, neigte sich über das Wasser im Bach und trank und durfte nicht aus dem goldnen Becher trinken. Da sprach sie: «Ach Gott!» Da antworteten die drei Blutstropfen: «Wenn das deine Mutter wüßte, das Herz im Leibe tät ihr zerspringen.» Aber die Königsbraut war demütig, sagte nichts und stieg wieder zu Pferd. So ritten sie etliche Meilen weiter fort, aber der Tag war warm, die Sonne stach, und sie durstete bald von neuem. Da sie nun an einen Wasserfluß kamen, rief sie noch einmal ihrer Kammerjungfer: «Steig ab und gib mir aus meinem Goldbecher zu trinken», denn sie hatte aller bösen Worte längst vergessen. Die Kammerjungfer sprach aber noch hochmütiger: «Wollt Ihr trinken, so trinkt allein, ich mag nicht Eure Magd sein.» Da stieg die Königstochter hernieder vor großem Durst, legte sich über das fließende Wasser, weinte und sprach: «Ach Gott!», und die Blutstropfen antworteten wiederum: «Wenn das deine Mutter wüßte, das Herz im Leibe tät ihr zerspringen.» Und wie sie so trank und sich recht überlehnte, fiel ihr das Läppchen, worin die drei Tropfen waren, aus dem Busen und floß mit dem Wasser fort, ohne daß sie es in ihrer großen Angst merkte. Die Kammerjungfer hatte aber zugesehen und freute sich, daß sie Gewalt über die Braut bekäme: denn damit, daß diese die Blutstropfen verloren hatte, war sie schwach und machtlos geworden. Als sie nun wieder auf ihr Pferd steigen wollte, das da hieß Falada, sagte die Kammerfrau: «Auf Falada gehör' ich, und auf meinen Gaul gehörst du»; und das mußte sie sich gefallen lassen. Dann befahl ihr die Kammerfrau mit harten Worten, die königlichen Kleider auszuziehen und ihre schlechten anzulegen, und endlich mußte sie sich unter freiem Himmel verschwören, daß sie am königlichen Hof keinem Menschen etwas davon sprechen wollte; und wenn sie diesen Eid nicht abgelegt hätte, wäre sie auf der Stelle umgebracht worden. Aber Falada sah das alles an und nahm's wohl in acht.

Die Kammerfrau stieg nun auf Falada und die wahre Braut auf das schlechte Roß, und so zogen sie weiter, bis sie endlich in dem königlichen Schloß eintrafen. Da war große Freude über ihre Ankunft, und der Königssohn sprang ihnen entgegen, hob die Kammerfrau vom Pferde und meinte, sie wäre seine Gemahlin: sie ward die Treppe hinaufgeführt, die wahre Königstochter aber mußte unten stehenbleiben. Da schaute der alte König am Fenster und sah sie im Hof halten und sah, wie sie fein war, zart und gar schön: ging alsbald hin ins königliche Gemach und fragte die Braut nach der, die sie bei sich hätte und da unten im Hofe stände, und wer sie wäre? «Die hab' ich mir unterwegs mitgenommen zur Gesellschaft; gebt der Magd was zu arbeiten, daß sie nicht müßig steht.» Aber der alte König hatte keine Arbeit für sie und wußte nichts, als daß er sagte: «Da hab' ich so einen kleinen Jungen, der hütet die Gänse, dem mag sie helfen.» Der Junge hieß Kürdchen (Konrädchen), dem mußte die wahre Braut helfen, Gänse hüten.

Bald aber sprach die falsche Braut zu dem jungen König: «Liebster Gemahl, ich bitte Euch, tut mir einen Gefallen.» Er antwortete: «Das will ich gerne tun.» – «Nun, so laßt den Schinder rufen und da dem Pferde, worauf ich hergeritten bin, den Hals abhauen, weil es mich unterwegs geärgert hat.» Eigentlich aber fürchtete sie, daß das Pferd sprechen möchte, wie sie mit der Königstochter umgegangen war. Nun war das so weit geraten, daß es geschehen und der treue Falada sterben sollte; da kam es auch der rechten Königstochter zu Ohr, und sie versprach dem Schinder heimlich ein Stück Geld, das sie ihm bezahlen wollte, wenn er ihr einen kleinen Dienst erwiese. In der Stadt war ein großes finsteres Tor, wo sie abends und morgens mit den Gänsen durch mußte; unter das finstere Tor möchte er dem Falada seinen Kopf hinnageln, daß sie ihn doch noch mehr als einmal sehen könnte. Also versprach das der Schindersknecht zu tun, hieb den Kopf ab und nagelte ihn unter das finstere Tor fest.
Des Morgens früh, da sie und Kürdchen unterm Tor hinaustrieben, sprach sie im Vorbeigehen:

«O du Falada, da du hangest»,

da antwortete der Kopf:

«O du Jungfer Königin, da du gangest,
Wenn das deine Mutter wüßte,
Ihr Herz tät ihr zerspringen.»

Da zog sie still weiter zur Stadt hinaus, und sie trieben die Gänse aufs Feld. Und wenn sie auf der Wiese angekommen war, saß sie nieder und machte ihre Haare auf, die waren eitel Gold, und Kürdchen sah sie und freute sich, wie sie glänzten, und wollte ihr ein paar ausraufen. Da sprach sie:

«Weh, weh, Windchen,
Nimm Kürdchen sein Hütchen,
Und lass'n sich mit jagen,
Bis ich mich geflochten und geschnatzt
Und wieder aufgesatzt.»

Und da kam ein so starker Wind, daß er dem Kürdchen sein Hütchen wegwehte über alle Land, und es mußte ihm nachlaufen. Bis es wieder

kam, war sie mit dem Kämmen und Aufsetzen fertig, und es konnte keine Haare kriegen. Da war Kürdchen bös und sprach nicht mit ihr; und so hüteten sie die Gänse, bis daß es Abend ward, dann gingen sie nach Haus.
Den andern Morgen, wie sie unter dem finstern Tor hinaustrieben, sprach die Jungfrau:

«O du Falada, da du hangest.»

Falada antwortete:

«O du Jungfer Königin, da du gangest,
Wenn das deine Mutter wüßte,
Das Herz tät ihr zerspringen.»

Und in dem Feld setzte sie sich wieder auf die Wiese und fing an, ihr Haar auszukämmen, und Kürdchen lief und wollte danach greifen, da sprach sie schnell:

«Weh, weh, Windchen,
Nimm Kürdchen sein Hütchen,
Und lass'n sich mit jagen,
Bis ich mich geflochten und geschnatzt
Und wieder aufgesatzt.»

Da wehte der Wind und wehte ihm das Hütchen vom Kopf weit weg, daß Kürdchen nachlaufen mußte; und als es wieder kam, hatte sie längst ihr Haar zurecht, und es konnte keins davon erwischen; und so hüteten sie die Gänse, bis es Abend ward.
Abends aber, nachdem sie heimgekommen waren, ging Kürdchen vor den alten König und sagte: «Mit dem Mädchen will ich nicht länger Gänse hüten.» – «Warum denn?» fragte der alte König. «Ei, das ärgert mich den ganzen Tag.» Da befahl ihm der alte König zu erzählen, wie's ihm denn mit ihr ginge. Da sagte Kürdchen: «Morgens, wenn wir unter dem finstern Tor mit der Herde durchkommen, so ist da ein Gaulskopf an der Wand, zu dem redet sie:

Falada, da du hangest,

da antwortete der Kopf:

O du Königsjungfer, da du gangest,
Wenn das deine Mutter wüßte,
Das Herz tät ihr zerspringen.»

Und so erzählte Kürdchen weiter, was auf der Gänsewiese geschähe, und wie es da dem Hute im Winde nachlaufen müßte.
Der alte König befahl ihm, den nächsten Tag wieder hinauszutreiben, und er selbst, wie es Morgen war, setzte sich hinter das finstere Tor und hörte da, wie sie mit dem Haupt des Falada sprach: und dann ging er ihr auch nach in das Feld und barg sich in einem Busch auf der Wiese. Da sah er nun bald mit seinen eigenen Augen, wie die Gänsemagd und der Gänsejunge die Herde getrieben brachte, und wie nach einer Weile sie sich setzte und ihre Haare losflocht, die strahlten von Glanz. Gleich sprach sie wieder:

«Weh, weh, Windchen,
Nimm Kürdchen sein Hütchen,
Und lass'n sich mit jagen,
Bis ich mich geflochten und geschnatzt
Und wieder aufgesatzt.»

Da kam ein Windstoß und fuhr mit Kürdchens Hut weg, daß es weit zu laufen hatte, und die Magd kämmte und flocht ihre Locken still fort, welches der alte König alles beobachtete. Darauf ging er unbemerkt zurück, und als abends die Gänsemagd heimkam, rief er sie beiseite und fragte, warum sie dem allem so täte? «Das darf ich Euch nicht sagen und darf auch keinem Menschen mein Leid klagen, denn so hab' ich mich unter freiem Himmel verschworen, weil ich sonst um mein Leben gekommen wäre.» Er drang in sie und ließ ihr keinen Frieden, aber er konnte nichts aus ihr herausbringen. Da sprach er: «Wenn du mir nichts sagen willst, so klag' dem Eisenofen da dein Leid», und ging fort. Da kroch sie in den Eisenofen, fing an zu jammern und zu weinen, schüttete ihr Herz aus und sprach: «Da sitze ich nun von aller Welt verlassen und bin doch eine Königstochter, und eine falsche Kammerjungfer hat mich mit Gewalt dahin gebracht, daß ich meine königlichen Kleider habe ablegen müssen, und hat meinen Platz bei meinem Bräutigam eingenommen, und ich muß als Gänsemagd gemeine Dienste tun. Wenn das meine Mutter wüßte, das Herz im Leibe tät ihr zerspringen.» Der alte König stand aber außen an der Ofenröhre, lauerte ihr zu und hörte, was sie sprach. Da kam er wieder herein und hieß sie aus dem Ofen gehen. Da wurden ihr königliche Kleider angetan, und es schien ein Wunder, wie sie so schön war. Der alte König rief seinen Sohn und offenbarte ihm, daß er die falsche Braut hätte: die wäre bloß ein Kammermädchen, die wahre aber stände hier als die gewesene Gänsemagd. Der junge König war herzensfroh, als er ihre Schönheit und Tugend erblickte, und ein großes Mahl wurde angestellt, zu dem alle Leute und guten Freunde gebeten wurden. Obenan saß der Bräutigam, die Königstochter zur einen Seite und die Kammerjungfer zur andern, aber die Kammerjungfer war verblendet und erkannte jene nicht mehr in dem glänzenden Schmuck. Als sie nun gegessen und getrunken hatten und guten Muts waren, gab der alte König der Kammerfrau ein Rätsel auf, was eine solche wert wäre, die den Herrn so und so betrogen hätte, erzählte damit den ganzen Verlauf und fragte: «Welches Urteils ist diese würdig?» Da sprach die falsche Braut: «Die ist nichts Besseres wert, als daß sie splitternackt ausgezogen und in ein Faß gesteckt wird, das inwendig mit spitzen Nägeln beschlagen ist: und zwei weiße Pferde müssen vorgespannt werden, die sie Gasse auf, Gasse ab zu Tode schleifen.» – «Das bist du», sprach der alte König, «und hast dein eigen Urteil gefunden, und danach soll dir widerfahren.» Und als das Urteil vollzogen war, vermählte sich der junge König mit seiner rechten Gemahlin, und beide beherrschten ihr Reich in Frieden und Seligkeit.

Dieses Märchen (6) beschreibt zunächst die Notwendigkeit, daß die Tochter der Königin weit über Feld einen Königssohn finden soll. *Es geht also um Ablösung von der Mutter.* Der Vater ist schon lange gestorben, deshalb wohnt der Königssohn wohl auch so weit über Feld, der Weg zum Männlichen ist offensichtlich weit und muß von der Tochter der Königin bewältigt werden. Das ist eher ungewöhnlich für ein Märchen, normalerweise holt der Prinz die Prinzessin. Daß das Mädchen den Weg machen muß, deutet meines Erachtens darauf hin, daß *sie* einen Entwicklungsweg zurücklegen muß, bis es ihr möglich ist, eine Beziehung zu einem Mann zu haben oder bis sie genug Autonomie entwickelt hat. Das Märchen schildert den Weg, der zu ihrer Autonomie und Beziehungsfähigkeit führt. Dieser Weg ist gleichzeitig auch ein Weg der Angst und der Angstbewältigung.

Sich von der Mutter trennen, sich auf den Weg machen, weit über Land gehen und schließlich den Mann finden, kann verstanden werden als Ablöseproblematik eines Mädchens, das zu einer jungen Frau heranreift. Sich von der Mutter trennen kann aber auch überpersönlich verstanden werden als Trennung von etwas, das mütterlichen Schutz und Geborgenheit gab. Auch zum Beispiel als Trennung von der Familie, wobei die Familie eine sein müßte, bei der etwas ausgespart wird – etwa eine Familie, in der es nur um das Einander-Umsorgen geht und alle Aggressionen in vermehrte Sorge umgewandelt werden. Oder noch anders gesehen: Es gibt im Augenblick eine Strömung, die fordert, daß die Töchter sich von ihren Müttern emanzipieren sollten; das heißt, daß Töchter nicht fraglos Werte, Frauenbild usw. der Mutter übernehmen sollten, sondern selbständiger werden müßten.

Die Mutter-Tochter-Beziehung scheint eine sehr enge zu sein und die Königstochter auch mit Reichtum auszustatten. Auch verspricht die Mutter die Tochter einem Königssohn, sie leitet die Trennung selbst ein, sie will die Tochter nicht für sich behalten, auch wenn sie sie «von Herzen lieb» hat. Was gibt die Mutter der Tochter alles mit auf ihren Weg? Einen königlichen Brautschatz, Gold, Silber; sie ist reich ausgestattet an äußeren Werten, die auch innere Werte sein können, die sie aber nicht erworben hat, sondern die ihr von ihrer Herkunft her angehören. Die Mutter gibt ihr aber auch eine Kammerjungfer mit. Wird die Tochter der Königin durch das ganze Märchen hindurch als die «gute» dargestellt, mit der man Erbarmen hat, dann die Kammerjungfer durchgehend als die «böse».

Es ist kaum anzunehmen, daß die alte Königin mit Bedacht ihrer Tochter eine böse Kammerjungfer mitgeschickt hat. Es ist wohl eher anzunehmen, daß das Böse in dieser Mutter-Tochter-Beziehung ausgespart worden ist und daß die Tochter dadurch wenig Möglichkeiten hat, mit solchen Kammerjungfern umzugehen, mit Kammerjungfern außen, im Sinne von Menschen, die Macht über sie bekommen wollen, die ihre Stelle einnehmen wollen, mit Kammerjungfern innen, nämlich Machtgelüsten, Täuschungsabsichten, Gefühllosigkeit usw. Von der Kammerjungfer wird noch zu sprechen sein.

Die Mutter hat aber nicht nur die Kammerjungfer mitgegeben, sie hat auch noch ein Pferd mitgegeben, das sprechen kann, Falada. Falada heißt nach den Forschungen von Schliephacke (7) «Das dem alten Gott des Lichts Geheiligte», er wird mit Wotan in Zusammenhang gebracht, vor allem deshalb, weil der Pferdekopf von Falada nachher am dunkeln Tor hängt, am Ausgang zu einer andern Welt. Wotan hing neun Tage am windigen Baum und sprach mit einem Kopf, um zu besserer Selbsterkenntnis zu kommen. Die Germanen befestigten lange Zeit Pferdeschädel an die Giebel ihrer Häuser, um sich die Hilfe von Wotan zu erhalten. Wotan also als Pferdegott, Windgott, Geistgott. Auch in unserem Märchen spielt der Wind ja eine große Rolle, die Königstochter kann mit dem Wind umgehen, ihm befehlen.

Ein Pferd symbolisiert zunächst die instinktive, animalische Natur des Menschen, das Körperliche im Aspekt von dynamischer Kraft. Die Verbindung der Pferde mit dem

Wind kommt daher, daß ein Pferd daherstürmen kann wie der Wind. Im Symbol des Pferdes ist die Vitalität ausgedrückt. In diesem sprechenden Pferd ist aber auch die «Weisheit» ausgedrückt. Wir kennen aus den Märchen verschiedene sprechende Pferde. Tacitus hat beschrieben, daß die Germanen die Pferde für die Vertrauten der Götter hielten und von ihnen Weissagungen erhielten. (8)
Betrachten wir die Königstochter als eine Tochter, die den Weg der Ablösung von der Mutter beschreiten muß, dann meine ich, daß sie mit Falada über eine gute instinktive Grundlage verfügt, sie hat Beziehung zum Körper, sie ist vital, sie spürt Veränderungen über den Körper, sie kann mit dem Unbewußten umgehen. Andrerseits meine ich, daß in diesem Pferd, das dem alten Gott des Lichts geheiligt ist – also wenn schon Wotan, dann nur sein heller, inspirierender Aspekt –, auch ein zu hoher Anspruch nach Lichtem verbunden ist. Das Bild des Männlichen dürfte noch ganz im Idealen gefangen sein.
Die Königstochter erhält aber auch noch ein weißes Läppchen mit drei Blutstropfen. Zunächst ist dieses Läppchen wohl Symbol dafür, daß die Beziehung zur Mutter erhalten bleibt, auch wenn sich die Tochter von ihr trennt, nur eben in anderer Form – ein Andenken an die Mutter. Besonders die Erinnerung daran, wie es war bei der Mutter, und daß diese Beziehung existierte und sie auch schützt, dürfte dieses Läppchen auslösen. Blut gilt von altersher als Sitz der Seele und der Lebenskraft. Das Läppchen mit dem Blut symbolisiert daher einerseits die seelische Rückverbindung zur Mutter, die ja vielschichtig ist: Trost, Sicherheit, aber auch Einengung wird der Königstochter dadurch. Andrerseits aber kann in diesem Talisman auch ausgedrückt sein, was denn eigentlich das Ziel der Reise der Tochter ist: die Verbindung von weiß mit rot, die Ver-

bindung des Reinen, Jungfräulichen mit Blut, mit Leidenschaft, mit Leiden, mit Sexualität. Das ist natürlich ebenfalls eine Rückverbindung an die Mütter, denn wären diese immer weiß geblieben – ja auch die Farbe für das Neuanfangen, für das noch Unbeschriebensein –, es gäbe keine Töchter.
Vorerst scheint mir aber dieses Läppchen als Symbol der Rückverbindung an die Mutter, damit auch als Trost, im Vordergrund zu stehen. Die Tochter ist nicht ganz allein. Daher können die Blutstropfen jeweils auch sagen: «Wenn das deine Mutter wüßte, das Herz im Leibe tät ihr zerspringen.» Damit ist auch ausgedrückt, wie stark die Rückbindung der Tochter an die Mutter ist, wie wenig autonom sie ist.
Die Königstochter wird nicht etwa wütend oder wehrt sich gegen ihr Schicksal, sie denkt an die Mutter, der das Herz zerspringen würde, wüßte sie es. Für die Königstochter ist natürlich nicht dieser diagnostische Aspekt im Vordergrund, sie dürfte sich getröstet gefühlt haben in ihrer Verlassenheit. Wir wissen aus dem Fortgang des Märchens, daß das Mädchen, nachdem es dieses Läppchen mit den Blutstropfen verloren hatte, schwach und machtlos geworden ist. Die Kammerjungfer bekam deshalb auch Gewalt über sie. In dieser Rückverbindung zur Mutter, in diesem Vertrauen auf die Macht der Rückverbindung liegt ihre Stärke, nicht in ihrer Autonomie.
Versuchen wir diese Ausgangssituation auf ein Mädchen zu übertragen: Das Mädchen muß sich von der Mutter trennen, um autonom zu werden und die Beziehung zum Männlichen – innerpsychisch und aussen – zu finden. Das Mädchen dürfte gut bemuttert worden sein, vielleicht sogar etwas überbemuttert, im wesentlichen aber ausgestattet mit vielen Werten, die es zunächst einfach übernimmt, mit

einer guten Vitalität, mit der Möglichkeit, mit ihren instinktiven Seiten Kontakt zu haben. Die Beziehung zum persönlich Männlichen fehlt, dieses dürfte nur da sein in einer etwas idealisierten Weltanschauung. Das bringt mit sich, daß alles, was nicht in die idealisierte Weltanschauung paßt, abgespalten ist und sich natürlich gleich in Szene setzen wird, wenn die Trennung sich vollzieht.

Trennung vollzieht sich ja meistens so, daß man sich absetzen muß, eben trennen muß, und das heißt beim Absetzen von der Mutter, daß man jene Seiten in sich zum Zuge kommen läßt, die bei der Mutter und in der Beziehung zur Mutter nicht leben durften. Der Talisman bekäme dann die Funktion, daß man sich, auch wenn wesentlich andere Persönlichkeitszüge die Oberhand bekommen – oft auch Persönlichkeitszüge, die nicht unbedingt förderlich sind, wie hier im Märchen die Kammerjungfer –, daran erinnert, was man auch noch ist – und das kann natürlich auch ein schlechtes Gewissen machen. Durch die gute Mutter-Tochter-Beziehung hat die Tochter aber auch ein Vertrauen in das Leben schlechthin.

In unserem Märchen übernimmt die Kammerjungfer Schritt um Schritt die Macht, sie gewinnt ganz langsam die Oberhand. Dieser Prozess beginnt damit, daß die Königstochter Durst bekommt, die Kammerjungfer soll ihr zu trinken geben – und die Kammerjungfer weigert sich. Durst dürfte hier Lebensdurst bedeuten, und der Durst nach Leben bringt die Königstochter in die Hände der Kammerjungfer. (Ich denke nicht, daß das Märchen etwas mit antiroyalistischen Tendenzen zu tun hat.)

Ich habe vorher die Kammerjungfer als einen Persönlichkeitszug betrachtet mit Machtgelüsten, Gelüsten nach Prestige ohne Gefühl. Wir können diese Kammerjungfer als «Schatten» der Königstochter betrachten im Sinne

C.G.Jungs. Unter «Schatten» fallen bei ihm alle psychischen Verhaltensmöglichkeiten, die wir nicht leben, weil sie mit dem bewußten Standpunkt nicht vereinbar sind. Schatten kann deshalb sowohl negativ als auch positiv sein. Klar ist, daß jede Bewußtseinsveränderung dadurch zustande kommt, daß ein Stück dieses Schattens gelebt wird. Das gilt besonders für die Ablösung, wie ich schon vorher gesagt habe. Auf dieser ersten Etappe der Reise wirkt die Königstochter eher farblos, verloren. Sie ist zwar demütig, nimmt an, was kommt, aber sie ist der Kammerjungfer ausgeliefert, ein Spielball der bösen Mächte. Das Leben ist im Schatten. (Jung: Der Schatten verwickelt uns ins Leben.)
So wirken Mädchen oder Frauen, die eine Mutterbeziehung haben, die sie sehr behütet, beschützt, ihnen auch viel gibt, wo aber das Männliche ausgespart wird. Diese Mädchen oder Frauen sind, wenn sie sich einmal weg trauen von dem sie Beschützenden (das kann z.B. auch der Mann sein), ganz erstaunt, wenn ihnen die Welt nicht mit der für sie gewohnten Freundlichkeit entgegentritt, sie sind sehr verletzt, wenn sie mit Brutalität, Boshaftigkeit usw. in Kontakt kommen – und vor allem, sie sind blind für ihre eigenen Machtseiten. Dieser Macht verfallen sie aber sehr leicht, dann nämlich, wenn sie sich selber «bücken» müssen, wie es im Märchen ausgedrückt ist, durch die Notwendigkeit, sich selber das Wasser zu holen, das sie trinken wollen. Nicht ausgerüstet, sich selber zu holen, was sie zum Leben brauchen, aber verwöhnt, gewöhnt, wichtig zu sein, werden sie in Situationen, wo ihnen diese Wichtigkeit abhanden kommt, unangenehm befehlerisch etwa. Ich meine also, daß wir die Kammerjungfer als einen Aspekt der Königstochter auffassen können. Im Augenblick, wo sie die bergende Situation verläßt, kann sie sich doppelt er-

leben und verhalten: einerseits als die, die sich selber etwas zum Trinken holen muß, die der Welt gegenüber ungeübt ist, die erschrickt vor Boshaftigkeit, und andrerseits als die, die die kompensatorische Haltung des Sichdurchsetzenwollens lebt, die vor üblen Praktiken nicht zurückschreckt. Die Kammerjungfer im Märchen ist aggressiv, dominierend, will sich durchsetzen, will machtvoll sein. Sie scheint autonom, aber ist es nicht. Es ist eine forcierte Selbständigkeit.

Übertragen wir den Märchenprozeß wieder auf eine reale Tochter, dann bedeutet das, daß Aggression, Machtstreben, forcierte Eigenständigkeit usw. die Stelle des Ich einnehmen, es findet eine ungeheure Persönlichkeitsveränderung statt. Menschen, die einem sehr vertraut sind, können durch Beziehungen zu andern Menschen plötzlich ganz neue Züge zeigen. Wenn uns diese Züge nicht passen, dann sagen wir, daß der uns bekannte Mensch verdorben worden sei. Manchmal ist das auch richtig, manchmal hat man das Gefühl, daß jemand, gerade dann, wenn er sich sehr absetzen will von einer früheren Lebensform, seine «schlechtesten Seiten» zu leben beginnt. Etwa, wenn sehr liebevolle Frauen, die sich plötzlich ausgebeutet vorkommen, meinen, sie seien naiv gewesen und dann harte, dominierende Seiten herauskehren. Wenn die Kammerjungfer ganz dominiert, dann ist von der liebevollen Persönlichkeit kaum mehr etwas zu spüren. Das wirkt dann instinktlos.

Die Königstochter verliert vor lauter Durst das Läppchen mit den Blutstropfen. Und das Märchen sagt: «ohne daß sie es in ihrer großen Angst merkte». Das Märchen erwähnt hier zum erstenmal die Angst. Es ist sicher so, daß wir in sehr großer Angst vergessen können, daß wir immer auch geschützt sind, damit also unsern Schutz verlieren,

daß wir auch vergessen können, wer wir überhaupt sind, welche Kräfte wir haben. Aber was bewirkt diese große Angst hier im Märchen?
Nehmen wir das Märchen einmal ganz real. Stellen wir uns dieses behütete Mädchen vor, stellen wir uns vor, wir kämen selber aus so einer behüteten Situation. Wir machen das erste Mal eine Reise – weit übers Land. Ein einziger Mensch ist uns mitgegeben, der uns begleitet. Statt daß dieser Mensch hilfreich ist, stößt er uns zurück, demütigt uns. Wir sind nicht nur allein, einsam, wir sind auch bedroht, wissen gar nicht, was dieser begleitenden Person noch alles in den Sinn kommt. Dieses Alleinsein, diese Bedrohung müssen wir spüren, auch dann noch, wenn wir die Kammerjungfer wieder als Zug der Königstochter sehen: die Bedrohung durch einen solchen Persönlichkeitszug bringt Angst mit sich. Und wenn die Angst uns ergreift, dann ergreift sie uns total und lähmt uns auch dort, wo wir normalerweise mit dem Leben ganz gut zurechtkommen.
Verstehen wir die Kammerjungfer als Persönlichkeitszug der Königstochter, dann könnten wir die Angst auch mit Gewissensangst in Zusammenhang bringen. Das Läppchen mit den drei Blutstropfen, die Rückverbindung zur Mutter, hat auch den Aspekt, daß es Angst verursachen kann, dann, wenn man etwas tut, was die Mutter nicht akzeptieren würde; wenn man etwas tut, was der Mutter das Herz im Leib zerreißen würde. Auch diese Angst kann sinnvoll sein, weil sie einen davor bewahrt, etwas zu tun, was zu fremd ist, was zu sehr gegen die eigene Natur ist. Viel öfters aber ist diese Angst schädlich, weil sie verhindert, daß wir überhaupt etwas Neues wagen, sie hält uns bei der Mutter und hält uns infantil.
Die Königstochter konnte also vor lauter Angst, die ihr

diese Rückbindung verursacht, das Läppchen verlieren, das heißt, sie übersieht, daß sie es verliert, und jetzt hat die Kammerjungfer Macht über sie. Das zeigt sich äußerlich darin, daß sie nicht mehr Falada reiten darf, daß sie mit der Kammerjungfer die Kleider tauschen und unter freiem Himmel schwören muß, nichts davon zu sagen am Königshof; hätte sie das nicht geschworen, wäre sie auf der Stelle umgebracht worden. Falada «sah alles an und nahm's wohl in acht».

Dadurch, daß der Schutz der Mutter weg ist, die Rückverbindung verloren ist, kann nun eine starke Persönlichkeitsveränderung stattfinden, nicht einmal mehr das schlechte Gewissen kann einen Abstand zu ihrer Lebenssituation schaffen. Ausdruck dafür ist, daß sie nicht mehr auf Falada reiten darf. Ich sagte zuvor, jemand in einer solchen Situation wirke «instinktlos»; nicht mehr auf Falada sitzen dürfen, könnte das Bild für diese Instinktlosigkeit sein. Anderseits, wenn Falada das lichte Prinzip ausdrückte, dann muß sie sich einmal auf ein anderes Pferd setzen, denn es geht ja darum, daß sie jetzt in einer «Dunkelphase» ist; diese Dunkelphase war so gründlich ausgespart, daß sie sich jetzt ebenso gründlich in den Vordergrund schiebt. Ein weiteres Bild für diese Persönlichkeitsveränderung ist der Kleidertausch. Kleider drücken aus, wie wir uns der Welt zeigen wollen, welche Seiten von uns wir darstellen wollen, von welchen Seiten wir wollen, daß sie gesehen werden. Änderung der Kleidung zeigt auch bei ganz gewöhnlichen Menschen an, daß sich ihr Verhältnis zur Welt geändert hat, daß sie zum Ausdruck bringen wollen, daß sie sich geändert haben. Nur: Hier im Märchen geht es nicht um wollen, sondern es geht um müssen. Die Persönlichkeitsveränderung ist keineswegs eine freiwillige, sondern eine erzwungene. Diese ganze Machtseite, diese dominierende, autoritäre Seite kommt über die Tochter – sie hat dem nichts mehr entgegenzusetzen.

Ein solches Überwältigtwerden von schattenhaften Zügen, was mit ungeheuren Ängsten verbunden ist, kommt natürlich nur vor, wenn diese Schattenseiten sehr stark ausgeblendet wurden. Strenggenommen ist die Kammerjungfer die Kammerjungfer der Mutter! Das Problem dürfte weit zurückreichen. Das zeigt sich besonders beim Schwur: Die Tochter muß schwören, daß sie nichts sagt, sonst wäre sie gleich umgebracht worden. Diese Befürchtung, umgebracht zu werden, zeigt meines Erachtens die große Angst, die sie vor ihrer Kammerjungfer-Seite hat. Diesen Schwur dürfte sie wohl unter größter Angst geleistet haben.

Was könnte dieser Schwur unter freiem Himmel bedeuten? Zunächst bedeutet er, daß sie bei der Strafe des Himmels – und das sind ja dann doch wieder die oberen Mächte – niemandem sagen wird, daß eine Vertauschung stattgefunden hat, daß es eine richtige und eine falsche Braut gibt. Sie wird das vor den andern nicht zugeben. Gerade dieses «Geheimnis behalten» scheint aber noch etwas zu sein, das zu ihrer wahren Persönlichkeit gehört, und das Beharren darauf, das Geheimnis nicht auszuplaudern, scheint mir wichtig als Beharren auf einem Persönlichkeitszug, der noch mit dem Himmel verbunden ist und nicht bloß mit der Kammerjungfer, auch wenn diese es verlangt hat.

Der Schwur bewirkt, daß sie nicht zugibt, was geschehen ist, daß sie sich damit aber auch nicht identifiziert. Daß sie umgebracht würde, verstehe ich dahin, daß sie, wenn sie nicht schwören würde, die Situation nicht ertragen könnte, daß sie dann besessen wäre von diesem Kammerjungferaspekt, und von ihrer wahren Persönlichkeit nichts mehr übrig bliebe. Davor bewahrt sie der Schwur, und davor scheint sie auch Falada bewahren zu wollen: Instinktiv registriert sie, registriert etwas in ihr, was vorgeht. Bewußt entschließt sie sich, die Situation, so wie sie sich jetzt zeigt, auszuhalten. Damit ist aber die Chance der Entwicklung gegeben. Für jemanden, der total unter die Dominanz dieses zuvor verdrängten Schattenaspekts geraten ist, geht es darum, es zwar zur Kenntnis zu nehmen, sich aber gleichzeitig innerlich eine kleine Distanz zu bewahren im Wissen darum, daß auch eine andere Möglichkeit besteht. Spricht man Menschen in diesem Zustand auf ihr falsches Selbst an, dann können und dürfen sie das nicht zugeben. Sie selber wissen es aber wohl.

Und nun treffen die beiden mit Falada am Königshof ein, wo es offenbar nur Männer gibt: den Königssohn, den alten König und Kürdchen. Der Königssohn nimmt die falsche Braut mit Freuden in Empfang, ohne etwas zu merken. Der alte König aber wird auf die sogenannte Magd aufmerksam. Der Königssohn schaut offenbar nur die Kleider an – er paßt gar nicht schlecht zur falschen Braut, der alte König sieht die Gestalt, die hinter den Kleidern verborgen ist. So ist zwar eine erste Begegnung mit dem personalen Männlichen geschaffen, aber die Frau kann nicht ihre wahre Persönlichkeit zeigen, und der Mann merkt es nicht. Seine Beziehung zum Weiblichen ist auch nicht differenziert.

Betrachten wir das Märchen wieder aus der Perspektive eines Mädchens oder einer jungen Frau, dann ist die Trennung vom Mütterlichen vollzogen, und sie kann sich nun dem Männlichen verbinden, sei das nun in einer realen Beziehung, sei es, daß sie zu männlichen Aspekten ihrer Psyche in Beziehung treten kann, aber es ist noch nicht die ganze Person, sondern nur diese überwältigende Schattenseite, die das tun kann. Also in Realität etwa eine Beziehung, in der äußerlich alles stimmt, wesentliche Aspekte der Persönlichkeit aber nicht mitleben können. Eine innerliche Entwicklung tut not.

Die wahre Braut wird denn auch zur *Gänsehirtin*. Der alte König, der einen Blick für sie hat, für ihre wahre Gestalt, für das, was ihr not tut, schickt sie zum Hüten. In Griechenland war die Gans der Aphrodite heilig, sie galt als Symbol der Liebe, der Fruchtbarkeit. Sie wühlt aber auch in allem Schmutz herum, erscheint zudem als Attribut der russischen Hexen, die oft Gänsefüße haben oder zumindest in Häuschen wohnen, die auf Gänsefüßchen stehen; deshalb wird die Gans auch mit dem hexenhaften Aspekt der Frau in Verbindung gebracht und mit der «schlammigen» Seite der Liebe und der Körperlichkeit. Die wahre Braut muß sich also um den Eros kümmern und auch um das schattenhaft Weibliche im Bereich der Liebe und der Sexualität. Hüten hat immer den Aspekt des Zusammenhaltens von etwas, des sich Konzentrierens. Die wahre Braut muß sich nun wohl einmal auf alle Aspekte der Liebe konzentrieren, denn was die falsche Braut mit dem Königssohn verbindet, kann man kaum Liebe nennen. Man kann sich vorstellen, daß ein Mädchen eine sogenannte «feste Beziehung» hat, in der mehr die Äußerlichkeiten stimmen müssen, innerlich ist sie überhaupt noch nicht bereit zur Beziehung, fängt nun aber an, sich dahin zu entwickeln.

Zwar läßt die falsche Braut auch noch Falada töten, aber so leicht läßt sich diese instinktive Rückverbindung zur Mutter nicht töten. Auch wird hier die Gänsemagd plötzlich aktiv. Im Moment, wo die falsche Braut versucht, den letzten Schutz für die wahre Braut aus der Welt zu schaffen, wo sie also versucht, wirklich letzte Macht über sie zu bekommen, in dem Moment erinnert sich die wahre Braut an Falada und beginnt aktiv einzugreifen. Hier geschieht der Umschlag. Wie die Pferdeköpfe der Germanen das Unheil abwenden sollten, so soll auch Falada helfen, das Unheil abzuwenden. Mir scheint aber, daß entscheidend ist, daß die wahre Braut sich Falada überhaupt wieder zuwendet. Das könnte damit zusammenhängen, daß die falsche Braut sich von ihr abgewandt hat: sie hat ja jetzt ihren Königssohn.

Übertragen auf ein Individuum: Wenn einmal jemand, der so sehr von Machtbegierde besessen ist (das ist wie ein Zwang – man spürt, daß man anders können müßte und kann nicht), einen Erfolg errungen hat, wie wenig erfolgreich der auch aussehen mag, dann tritt eine gewisse Entlastung ein, es können Persönlichkeitsanteile zum Zuge kommen, die sonst überwuchert sind.

Die Gänsemagd geht jeden Morgen zum dunkeln Tor hinaus, auf eine freie Wiese, es ist, wie wenn sie immer wieder durch einen dunkeln Durchgang gehn müßte, um auf die Wiese zu kommen, wo sie zu sich finden kann. Im Bild dieses dunkeln Durchgangs ist natürlich auch der Hinweis darauf, daß die Phase, in der das Leben so traurig ist, sie so verkannt ist, ein Durchgang ist. Da gehört wesentlich dazu, daß sie Falada anredet und er dasselbe zu ihr sagt, was zu Beginn des Märchens die Blutstropfen zu ihr gesagt haben: er erinnert sie wiederum an die positive Mutter, persönlich und überpersönlich.

Die wahre Braut ist nun mit Kürdchen zusammen. Kürdchen holt dann den alten König zu Hilfe. Die Auseinandersetzung mit den Männern beginnt, wobei Kürdchen den jungenhaften Aspekt darstellt, mit dem die wahre Braut spielt, der alte König eher den Vater-Aspekt des Männlichen.

Wenn eine junge Frau so sehr an die Mutter gebunden und der Vater nicht vorhanden oder unerreichbar war, dann kann die Beziehung zum gleichaltrigen Mann nur eine solche Schattenbeziehung sein, wie sie in der Beziehung der falschen Braut zum Königssohn gezeigt ist, bis sich das Mädchen mit den beiden Aspekten des Männlichen auseinandergesetzt hat, die sich hier zeigen: mit dem kindlichen Aspekt des Mannes und mit dem Väterlichen. In Realität haben diese Mädchen oft Beziehungen zu väterlichen Männern, die eine sehr jungenhafte Seite haben. Oder sie haben Beziehungen zu sehr jugendlichen Männern, mit denen sie spielen, und haben dabei Sehnsucht nach dem Vater. – Was sich objektstufig in der Beziehung zu den Männern ausdrücken kann, kann sich auch subjektstufig als Beziehung zu eigenen männlichen Seiten in der Frau ausdrücken, wobei die Vaterseite eher die Seite der Konvention, des verläßlich Hergebrachten, verkörpert, der Junge mehr das Neue, das Aufbrechende, das Schöpferische.

Was macht die wahre Braut mit Kürdchen? Sie zeigt ihm zunächst ihre Haare, und wenn er, von der Schönheit angezogen, ihr ein paar ausraufen will, dann schickt sie ihn mit einem Windzauber fort. Haare einer Frau haben sehr viel mit Erotik zu tun, insbesondere die goldenen Haare erinnern an die Feen, die ihre goldenen Haare kämmen und damit die Männer anlocken und verzaubern. Das tut hier die Gänsemagd. Und wenn Kürdchen mit ihr spielen will, dann wird ihm der Hut mit dem Windzauber weggefegt. Es erstaunt, wie mächtig die Gänsemagd nun plötzlich wieder ist. Irgendwie doch eine Hexe! Das steht damit im Zusammenhang, daß sie Falada wieder zurückerhalten hat, damit aber auch ihre instinktive Sicherheit und auch eine gewisse Macht. Sie schickt Kürdchen fort, damit sie ihre Haare ordnen kann, damit sie ihre erotischen Fantasien ordnen, zusammenhalten kann. Dem Kürdchen wird das aber zu dumm – eine gewisse Zeit (zwei Tage lang) läßt er sich das gefallen, dann aber nicht mehr. Er geht zum alten König und beschwert sich.

Dieser Beziehung zu Kürdchen würde im äußeren Leben die erotische Spielerei entsprechen, die nur den Anfang will. Die Faszination des Anfangens einer erotischen Beziehung wird dabei gesucht – nicht eine wirkliche Beziehung. Dabei wird natürlich auch «weibliche Macht» erlebt – hier liegt die «Hexenseite» –, anlocken und wegschicken, so, wie es ihr gefällt. – Innerpsychisch entspricht dem etwa die Haltung, in der eine Frau von einer Idee fasziniert ist, dieses Fasziniertsein genießt und dann die Idee fahren läßt.

In solchen Stadien der weiblichen Entwicklung tritt dann sozusagen immer das «Väterliche» auf den Plan, das vor solcher Sprunghaftigkeit bewahren soll. Aber auch als Gefahr, etwa indem Frauen, die einen solchen Puer-Animus haben, sich für die herrschende Ordnung entscheiden und das Neue, das aufbrechen will (hinter diesen Strebungen stecken die Frühlingsgötter), meiden.

So tritt auch in unserem Märchen die Vatergestalt auf, die weiß, was der Gänsemagd not tut. Der alte König fragt sie nach ihrem Leid. Er will, daß sie ihr Leid ausspricht, daß sie ihre Situation klärt. Jetzt ist sie, durch die Entwicklung, die sie beim Hüten durchgemacht hat, soweit, daß sie zugeben kann, was ihr passiert ist. Wir haben hier eine echt therapeutische Situation vor uns, einen Menschen, der sein Geheimnis, das er bisher nicht preisgeben durfte, nicht länger alleine tragen kann. Ein Geheimnis haben kann der erste wesentliche Schritt in Richtung Autonomie sein, besonders dann, wenn die Angst, die mit dem Haben eines Geheimnisses verbunden ist, ausgehalten wird. Das bedrückende Geheimnis muß aber ausgedrückt werden, soll es seine bedrückende Kraft verlieren, und es muß mit

einem Menschen geteilt werden. Das Mädchen beichtet aber nicht dem König, sondern dem Ofen. Auf jeden Fall geht es auch in dieser Situation noch darum, daß das Mädchen seinen Schwur hält. Mit diesem Schwur hat sie sich in Beziehung zum freien Himmel gesetzt, zu den Göttern, im Halten des Schwurs blieb sie sich selbst treu.
Die Gänsehirtin kriecht in den Eisenofen und fängt an zu jammern und zu weinen und klagt ihm sein Leid. Und jetzt sagt sie zum erstenmal selbst: «Wenn das meine Mutter wüßte, das Herz im Leibe tät ihr zerspringen.» Der König heißt sie dann, aus dem Ofen herauszukommen. Der Ofen ist ein Symbol des Mutterleibes, und stellt man sich die Situation vor, daß sie in den Ofen hineinkriecht, da drin sich ihre Situation bewußt macht, dazu steht, daß sie von dieser Schattenseite überwältigt worden ist, und dann wieder herauskriecht, dann erinnert das sehr an Wandlung, an Tod und Wiedergeburt – und auch an das noch Fertig-gebacken-Werden.
Im Schutze größter Geborgenheit kann sie sich klar machen, was ihr eigentlich passiert ist. Es ist ihr nun voll bewußt geworden. Das Ausdrücken ihres Geheimnisses ist mit viel Emotion verbunden. Dazu gehört, daß *sie* jetzt das Sprüchlein vom Zerreißen des Herzens der Mutter sagt. Dieses Sprüchlein wurde zuvor ja nur von den Blutstropfen und von Falada gesagt, also von Dingen, die magisch mit der Mutter zusammenhängen; es waren mehr intuitive Ahnungen denn bewußtes Erfassen der schrecklichen Situation.
Auf eine Frau übertragen würde das heißen, daß das schreckliche Geheimnis, das natürlich sehr viel Angst auslöst, erst dann gelüftet werden kann, wenn sie sich entwikkelt hat, wenn sie zu ihren männlichen Seiten Beziehung aufnehmen kann. Dann kann sie in einer Situation größter

Geborgenheit das Geheimnis formulieren, es damit auch sich selber klarmachen, was geschehen ist, vor sich selber zugeben, was geschehen ist. Dadurch kann sie zu ihrer wirklichen Persönlichkeit werden, sie bekommt dann als Ausdruck dafür auch ihre königlichen Kleider.

Was zuvor Angst gemacht hat, kann nun gesehen werden – jedermann weiß nun vom Treiben der Kammerjungfer –, und diese wird bestraft. Wir sind von den Märchen her gewohnt, daß die sogenannten bösen Gestalten sich selber – wenn auch ungewollt – jeweils eine furchtbare Strafe ausphantasieren, die sie auch auferlegt bekommen und so eliminiert werden. Schaut man aber diese Strafen genauer an, dann erscheinen sie schon sehr grausam. Das Faß mit den Nägeln erinnert an den Ofen – aber hier sind Nägel drin, also nicht das Wärmende der großen Mutter, sondern das Zerfleischende. Die Kammerjungfer deutet mit der Methode, mit der sie getötet werden wird, an, daß sie ein Aspekt der zerfleischenden großen Mutter ist – wie sie etwa in der Kali dargestellt ist. Dieser Aspekt darf nun verschwinden.

Mich läßt so ein Schluß immer etwas unbefriedigt. Solch eine Eliminierung ist zwar logisch, aber wenn wir uns einen realen Menschen vorstellen, der – aufgrund einer starken Beeinflussung durch das positiv Mütterliche samt der damit verbundenen Naivität – sich ins Leben hineinentwickeln muß, bei dem sich der negative Aspekt des Mütterlichen konstellieren muß, indem eine starke Machtseite hervortritt, insbesondere im Zusammenhang mit der Beziehung zu Männern – die Angst vor den Männern und vor dem Männlichen dürfte diese Seite konstelliert haben –, dann ist es keine Lösung, wenn, nach Entwicklung des Mädchens zu bedeutend mehr Autonomie durch Aushalten der ungeheuren Einsamkeit und durch die Entwicklung der eigenen männlichen Seiten, dieser Schattenaspekt einfach verschwindet.

Man kann natürlich sagen, daß diese Kammerjungferseite so gefährlich ist, daß sie abgespalten werden muß. Ich frage mich in diesem Zusammenhang aber immer auch, wie weit die Märchen eben doch auch einen zeitgebundenen Aspekt haben, ob es Zeiten gab, für die es aufgrund stärker tragender kollektiver Wertgefüge möglich war, diese zerstörerischen Seiten abzuspalten, das Dunkle überhaupt abzuspalten, um sich das Helle zu erhalten. Ich meine, daß das für uns heute nicht mehr möglich ist, daß wir eher versuchen müßten, mit der Kammerjungfer zu leben und ihr doch nicht zu verfallen, um im Märchen zu bleiben. Sicher, Frauen, die zu ihren männlichen Seiten Beziehung aufnehmen können, brauchen weniger mit unbewußten Machtstrategien sich durchzusetzen, aber daß diese Schattenseiten ganz verschwinden können, etwa indem man «sadistisch» sich gegen diese Seiten wehrt, halte ich für unmöglich. Ich denke, daß es für uns angstmachender ist, wenn die Kammerjungfer zerfleischt wird und dann vielleicht wieder irgendwo spukt.

Erst als die Kammerjungfer tot ist, heiraten der junge König und die rechte Gemahlin; jetzt kann die Beziehung zum Männlichen wirklich gelebt werden; die junge Frau ist von ihrer Mutter abgelöst, dadurch auch autonomer als zuvor. (Über die Unselbständigkeit des Sohnes wäre auch noch einiges zu sagen!)

Betrachten wie das Märchen nochmals kurz unter dem Aspekt von Angst und Angstbewältigung: Es geht bei diesem Märchen um die Angst durch das Überwältigtwerden von einer negativen Seite des eigenen Wesens im Zusammenhang mit Trennung von der Mutter und der damit verbundenen Beziehung zum Männlichen. Es geht um die

Angst, durch eine Trennung plötzlich Seiten an sich zu sehen, die zuvor – im herrschenden System – als minderwertig bewertet wurden. Zudem sind diese Seiten dominierend, scheinen alle andern Persönlichkeitsanteile in ihre Gewalt zu bringen. Die Angst muß ausgehalten werden – der Weg zurück zur Mutter wird übrigens nicht gewählt (sonst wäre es kein Märchen), die Kammerjungfer drängt vorwärts. Die Situation wird ausgehalten, und durch die Entwicklung der vorher brachliegenden Persönlichkeitskomponenten (ihrer männlichen Wesensanteile) kann das Angstmachende formuliert und eine Beziehung zum Mann gefunden werden, die nicht nur auf äußeren Schein aus ist.

GRAUMANTEL

Die Angst bei der Ablösung vom Vater

Es war einmal ein König, der hatte drei Töchter. Eines Tages ging er in den Wald auf die Jagd und verirrte sich. Er ging und ging und konnte nicht wieder aus dem Wald herausfinden. Als es nun bald Abend werden wollte, begegnete ihm ein Graumantel; das war eine Gestalt, die sich ganz und gar in einen grauen Mantel gehüllt hatte, daß man vom Kopf und den Beinen nichts sehen konnte. Der Graumantel fragte den König, wohin er denn wolle, und der König sagte ihm, daß er sich verirrt habe. Da sagte der Graumantel, wenn der König ihm das geben wolle, was ihm zu Hause zuerst begegne, so wolle er ihn aus dem Wald führen. Der König dachte, es werde ihm wohl sein Hund entgegenkommen, und sagte: Ja.

Der Graumantel führte nun den König aus dem Wald und sagte noch, morgen Schlag acht wolle er sich seinen Lohn holen. Als aber der König nach Haus kam, da sah ihn seine jüngste Tochter zuerst und lief ihm entgegen. Der König winkte ihr, sie solle zurückbleiben, aber sie lief nur um so schneller und fiel ihm um den Hals. Da wurde der König ganz traurig, und die Tochter fragte ihn, was ihm denn fehle. Im ersten Augenblick erschrak die Tochter wohl ein bißchen, dann aber tröstete sie ihren Vater und sagte, das werde wohl alles gut gehen.

Am anderen Morgen zog die jüngste Tochter ihr schwarzseidenes Kleid an und hielt sich bereit. Zur bestimmten Stunde fuhr der Wagen vor, und als sie hineinsahen, saß der Graumantel drin. Der König begleitete seine jüngste Tochter bis an den Wagen, und dann fuhr der Graumantel mit ihr davon.

Sie kamen an einen großen Berg, der tat sich vor ihnen auf, und sie fuhren hinein. Inwendig war ein großes Schloß mit vielen, vielen Stuben, und es gab auch reichlich zu essen und zu trinken. Der Graumantel gab der Königstochter einen Schlüsselbund und sagte ihr, sie könne sich alles besehen, bloß eine Kammer unten im Keller, die dürfe sie nicht aufschließen.

Sie besah sich auch das ganze Schloß, und als sie zu der Kammer kam, war sie doch neugierig, was wohl darinnen wäre, und schloß sie auch auf. Da sprang ihr aber mit einemmal der Graumantel entgegen. Sie erschreckte sich so sehr, daß sie ganz stumm war. Er aber rief: «Mein Kind, was hast du gesehn, als du in den Keller gucktest?» Sie konnte aber kein Wort hervorbringen. Er fragte sie zum zweiten- und zum drittenmal: «Mein Kind, was hast du gesehen, als du in den Keller gucktest?» Sie konnte aber immer noch nicht antworten. Da sagte er: «Nun, dann sollen dich die Raben auf dem Feigenbaum verzehren!» Er zog ihr alle die schönen Kleider aus, bis sie splitternackt war; bloß ihre goldene Kette und ihre goldenen Ringe ließ er ihr. Dann mußte sie mit ihm kommen, und er führte sie aus dem Berg heraus. Oben auf dem Berg stand ein großer Feigenbaum, auf den mußte sie hinaufsteigen und droben sitzenbleiben.

Am selben Tag hielt ein Königssohn in dieser Gegend eine große Jagd. Die Hunde bellten immer unter dem Baum, in dem die Königstochter saß. Da sagte der Königssohn zu einem seiner Jäger, er solle mal hinaufsteigen und nachsehen, was da wäre. Als der hinaufstieg, zog sich die Königstochter einen goldenen Ring vom Finger und hielt ihm den hin. Der nahm den Ring und stieg wieder hinunter und sagte, er könne nichts finden. Die Hunde bellten aber immer noch um den Baum herum. Da schickte der Königssohn noch einen von seinen Jägern hin, er solle einmal nachsehen, was da wäre. Der stieg auch auf den Baum hinauf. Da zog sie sich wieder einen Ring vom Finger und hielt ihm den entgegen, und der Baum war so dicht voll Laub, daß er wirklich nichts sehen konnte. So brachte der dem Königssohn den Ring, sagte aber, daß er nichts sehen könnte. Da stieg der Königssohn selbst hinauf, die Königstochter nahm ihre goldene Kette und hielt ihm die hin. Er aber faßte sie an der Hand und holte sie vom Baum herunter. Und als er sah, daß sie ganz nackt war, hängte er ihr seinen Mantel um und nahm sie mit nach Hause. Da kriegte sie wieder die feinsten Kleider von Samt und Seide, und der Königssohn mochte sie so gern leiden, daß er sie zur Frau nahm. Sie war aber noch immer stumm und konnte kein Wort sprechen.

Als ein Jahr vergangen war, bekam sie einen kleinen Jungen; aber in der dritten Nacht, als die Mutter schlief, kam der Graumantel und holte ihr das Kind fort. Am anderen Morgen war das Kind weg, aber um den Stuhl herum war ein Darm gewickelt, als ob das Kind getötet worden wäre. Die junge Mutter weinte, aber kein Mensch wußte, was da eigentlich passiert war.

Nach einem Jahr kriegte sie wieder einen kleinen Jungen; aber in der dritten Nacht holte der Graumantel auch den weg, und am anderen Morgen fanden sie wieder nichts als die Gedärme, die um den Stuhl gewickelt waren. Da schalt die alte Königin ihren Sohn, was er sich da für ein Frauensmensch aus dem Baum geholt hätte, das kein Wort sprechen könne und ihre eigenen Kinder auffresse. Der Königssohn aber wollte nicht von ihr lassen.

Als wieder ein Jahr herum war, kriegte sie den dritten Jungen. Den holte der Graumantel wieder fort, und die alte Königin schalt so sehr, daß die Königstochter vor Gericht kam.

Sie fragten sie, wo sie ihre Kinder gelassen hätte, aber sie konnte gar nichts sagen und weinte bloß. Da wurde ihr das Leben abgesprochen, und sie sollte geköpft werden. Sie ging auch ganz geduldig zum Richtplatz hin. Als sie ihren Kopf auf den Block legen wollte und der Scharfrichter mit seinem großen Schwert schon bereitstand, da kam mit einemmal eine goldene Kutsche mit vier schwarzen Pferden angefahren, und eine fürchterliche Stimme rief: «Halt!» Da mußten sie einhalten, und aus der Kutsche stieg der Graumantel. Er ging auf die Königstochter zu und fragte sie wieder: «Mein Kind, was hast du gesehen, als du in den Keller gucktest?» Da fand sie endlich ihre Sprache wieder und sagte: «Was ich gesehen habe? Ich habe einen verwünschten Graumantel gesehen!»

Da verwandelte sich mit einemmal der Graumantel und stand als ein hübscher Prinz vor ihr. Er holte auch die drei Kinder aus dem Wagen und sagte, er hätte die Kinder weggeholt und das wären seine Kinder, nun wäre er erlöst und sie wäre seine Frau. Er nahm sie gleich mit zu dem Schloß, das nun wieder hoch auf dem Berg stand. Der Prinz war nun König und sie die Königin.

Dieses (9) Märchen ist in Deutschland aufgezeichnet worden. An sich kennt man den Graumantel vor allem aus schwedischen Märchen, die leider nicht mehr zugänglich sind. Bolte – Polivka (10) erwähnen eine schwedische Parallele. Da erscheint Graumantel der jüngsten Tochter nachts im Traum als schöner Jüngling. Tags ist er ihr unsichtbar. Er hat ihr verboten, eine Luke im Boden des Zimmers zu öffnen. Sie sieht darunter den Graumantel stehen, es verschlägt ihr die Sprache vor Schrecken, und sie fällt wie tot nieder vor Angst. Als sie wieder erwacht, ist sie in einer Wildnis. Die Fortsetzung und das Ende des Märchens sind dann gleich wie im deutschen Graumantel-Märchen. Diese Parallele scheint mir bedeutsam zu sein, weil damit die Nähe zu allen Märchen vom Typus des Tierbräutigams sichtbar wird. Das bekannteste Märchen vom Typus des Tierbräutigams ist wohl «Das singende springende Löwenerkerchen». (11) In diesem Märchen wird ein Mädchen einem Tier versprochen, meistens weil der Vater in dessen Garten eine Blume abgebrochen hat; das Mädchen bleibt aus Liebe zum Vater bei diesem Tier, und dadurch, daß es das Tier liebt, kann das Tier sich in einen Prinzen verwandeln. In andern Versionen ist das Tier nachts ein wunderschöner Prinz, aber tags ein schreckliches Tier. Durch das Ausharren bei diesem Tier oder durch das Verbrennen der Tierhaut zur richtigen Zeit wird aus dem Tier ein Prinz, der dann meistens erzählt, daß er von einer Hexe verzaubert worden sei. Allerdings wird diese Haut sehr oft zur Unzeit verbrannt, was dann mit sich bringt, daß die Frauen jahrelang ihren Prinzen suchen müssen.

Die Parallele der Märchen vom Tierbräutigam zum «Graumantel» besteht darin, daß Graumantel offenbar auch zwei Seiten hat, eine, die sehr erschreckt, und eine, die ihn als strahlenden Jüngling zeigt. Eine Verhüllung, die Schrecken verursachen kann. Vom Schluß des Märchens her wissen wir auch, daß er verwünscht war – von wem wissen wir hier nicht – und daß er erlöst worden ist durch die jüngste Tochter. Bei den Märchen vom Tierbräutigam erschrecken die Frauen weniger, sie grausen sich viel mehr vor diesem Tier, besonders weil es noch möchte, daß man es jeweils küßt. Graumantel ist verhüllter, geheimnisvoller, mächtiger.

Eine weitere Parallele besteht darin, daß es immer der Vater ist, der die jüngste Tochter ohne Wissen, um sich selbst zu retten, dem jeweiligen Tier oder Ungeheuer oder hier eben dem Graumantel verspricht.
Kommen wir auf unser Graumantel-Märchen zurück. Die Notlage des Vaters besteht darin, daß er sich auf die Jagd begibt und, statt etwas zu treffen, sich offenbar verirrt, im Wald herumirrt und keinen Ausweg findet. Wer sich im Märchen im Wald verirrt, wird immer damit rechnen müssen, jemanden oder etwas zu treffen, das ihn in die Irre hat gehen lassen. Hier ist es der Graumantel, eine Gestalt, die ganz in einen grauen Mantel gehüllt ist. Wenn der König sich im Wald verirrt, dann heißt das, daß er zwar etwas schießen will, etwas sich aus der Triebsphäre des Unbewußten holen will, daß das aber nicht gelingt, sondern daß ein Sich-Verlieren in den Phantasien sich einstellt, bis das Bewußtsein ganz und gar richtungslos geworden ist, sozusagen eingehüllt von den Phantasien. Hinter diesem Sich-Verirren steht Graumantel. Wesentlich an dieser Gestalt scheint das Verhüllte zu sein; es wird nicht sichtbar, was denn hinter dieser Gestalt steckt, klar ist nur, daß sie grau ist. Daß sie auch Grauen auslöst, wird hier noch nicht gesagt. Grau ist die Farbe der Lustlosigkeit, des Zwielichts, des Unklaren, abgeleitet von Nebel und von «zwischen Tag und Nacht». Hinter diesem grauen Mantel verbirgt sich natürlich etwas, aber das ist zunächst eben verborgen. (Der König trifft ihn auch, als es bald Abend werden will.)
Wir haben es, wenn wir das Märchen auf eine individuelle Situation beziehen wollen, mit einem Vater zu tun, der übrigens ohne Frau ist, der sich in seinen Phantasien verliert, sich darin verirrt und dabei sich wohl lustlos fühlt, depressiv, und mit der Zwielichtigkeit seiner Phantasien

konfrontiert wird. Er könne sich aus dieser Situation befreien, wenn er etwas opfere, sagt ihm der Mann mit dem grauen Mantel.

Der König ist bereit zu opfern, phantasiert aber, das Opfer werde bloß sein Hund sein. Statt dessen ist es dann seine Tochter. Er muß also seine Tochter opfern, will er aus dem Wald, aus der Verirrung, wieder herausfinden. Es ist ein typisches Märchenmotiv, daß Väter in Schwierigkeiten kommen, sich eine schnelle Lösung anbietet, die sie auch gern akzeptieren, und daß nachher ein Kind das Problem, das dahintersteht, lösen muß. Das ist natürlich nicht nur ein Märchenmotiv, das zeigt sich im alltäglichen Leben durchaus auch. Daß er meint, den Hund opfern zu müssen, steht wohl einmal mit der sehr menschlichen Art im Zusammenhang, zwar zu wissen, daß man immer wieder etwas opfern muß, aber immer auch zu hoffen, daß man nicht zu viel opfern muß. Anderseits symbolisiert der Hund auch die Triebseite des Menschen, die unserem Bewußtsein bis zu einem gewissen Grad gehorsam ist. Er wird oft in Zusammenhang mit der männlichen Sexualität gebracht. So könnte es sein, daß der Vater meint, ein Stück Sexualität opfern zu müssen, er muß aber die Tochter opfern, damit auch die Beziehung zur Tochter. Die inzestuöse Beziehung der beiden ist angedeutet im freudigen Empfangenwerden des Vaters durch die Tochter und in der Bereitschaft, mit der sie sich in das Unvermeidliche stürzt, das der Vater ihr eingebrockt hat. Außerdem fehlt die Mutter. Dann wird das noch verhüllt Inzestuöse auch sichtbar in Graumantel, den der König trifft, Graumantel jetzt verstanden als ein Aspekt des Königs, verhüllt, nicht offen der Wunsch, die Tochter zu haben. Das ist das Zwielichtige.

Das Märchen wird also die Problematik einer Tochter beleuchten, die in einer inzestuösen Beziehung mit dem Vater lebt, das heißt aber, daß die Phantasiewelt der beiden, insbesondere die erotischen und sexuellen Phantasien, eine große Rolle spielen. Das Märchen schildert nun, wie in einem solchen Fall die Entwicklung zum Mann und zum Sexualpartner sich gestalten kann. Eine inzestuöse Verbindung kann aber auch symbolisch verstanden werden: aus der Sicht der Tochter, daß sie zu sehr den herrschenden Bewußtseinsnormen verbunden bleibt, die der Vater verkörpert, und daß sie den Mann als den «ganz andern» nicht erleben kann, daß sie aber auch ihre eigenen männlichen Seiten dadurch als das aufbrechende «ganz andere» nicht erfahren kann. Es kann nicht wirklich etwas Neues geschehen. Das ist vermutlich der Grund, daß ihr die Kinder immer wieder weggenommen werden, die Kinder, die das Symbol für das Neue sind, was aus der Beziehung zu diesem «ganz anderen» entsteht.

Ich möchte dieses Graumantel-Problem an einem praktischen Fall illustrieren:

Eine Frau, 30 Jahre alt, verheiratet, mit drei Kindern, sucht die Therapie auf, weil ihr Leben unerträglich langweilig ist. Das ist ihre Begründung. Sie ist die jüngste Tochter einer großen Familie. Ihre Mutter starb, als sie 10 Jahre alt war. Sie bezeichnet sich als des Vaters Liebling. Sie interessiert sich für die politischen Ansichten ihres Vaters und begleitet ihn schon früh zu Versammlungen. Sie hat, seit sie denken kann, viele erotisch-sexuelle Phantasien, auch frühe sexuelle Beziehungen zu Männern. Insgeheim verachtet sie aber die Männer; während sie ihren Vater idealisiert, kommen ihr die Männer furchtbar «tierisch» vor, besonders wenn sie während der sexuellen Vereinigung an den Vater denkt. Es «stellt ihr dann jeweils ab». Sie macht für den jeweiligen «Mißerfolg» die Männer ver-

antwortlich, sie stellt sie als unfähig hin usw. Sie sucht verzweifelt einen Mann, bei dem sie nicht an den Vater denken muß. Bei dieser Suche trifft sie entweder «Engel» oder «brutale Schläger» (ihre Ausdrücke). Männer, die das Geistige betonen, oder Männer, die besessen sind von hartem Sex. Die Analysandin hat sich früh verheiratet, das Ehepaar wohnt beim Vater; der Ehemann ist besorgt darum, daß die Familie beisammenbleibt. Die Frau ist auch geistig sehr vatergebunden: es darf nichts gedacht werden, was der Vater nicht auch akzeptieren könnte.
Graumantel bringt nun die Tochter des Königs in seinen Bereich, in ein Schloß in einem großen Berg. Er bringt sie an einen sehr verborgenen Ort. Daß sie ihr schwarzseidenes Kleid anzieht, scheint mir anzudeuten, daß sie sich dem Graumantel zugehörig fühlt; Schwarz ist zwar nicht Grau, aber doch verwandt. Allerdings kann damit der Erzähler auch ausdrücken wollen, daß die Tochter nicht etwa widerstrebend das tut, was der Vater von ihr fordern muß, sondern freudig. Im Berg wohnen die Entrückten und die Feen. Wenn Graumantel da sein Schloß hat, dann weit weg vom Bewußtsein, in einer sehr magischen Welt. Von daher kann angenommen werden, daß die Beziehung zu Graumantel einer Phantasie entspricht, einer sehr unbewußten Phantasie, ausgelöst durch die verborgene erotische Beziehung zum Vater. Das Innere des Berges stellt man sich außerdem als Mutterbereich vor. Schon der Wald, in dem sich der König verlaufen hat, gilt als Natur, vor allem als Mutterbereich. Graumantel und der König und damit natürlich auch seine Tochter stehen unter der bergenden, einschließenden Wirkung des Mutterarchetyps. Das paßt zur inzestuösen Situation. In dieser Situation soll die Familie beisammenbleiben, alle exogamen Tendenzen sollen unterdrückt werden. In Graumantels Schloß

gibt es aber auch ein Zimmer, in das zu gehen ihr verboten ist. Wir kennen aus vielen Märchen das Motiv des verbotenen Zimmers und wissen, daß gerade das Verbot Anreiz ist, dieses Zimmer zu betreten. In diesen verbotenen Zimmern können sehr verschiedene Menschen angetroffen werden, gelegentlich auch Tiere: Meistens ist da drin etwas, das vom Bewußtsein am stärksten verdrängt ist und deshalb auch am meisten benötigt wird. Daher ist der Inhalt oft ungeheuer erschreckend oder sehr numinos oder beides zusammen.

Bei unserem Märchen will man nicht so richtig verstehen, weshalb sie dermaßen erschrickt vor dem Graumantel, den sie ja sonst schon gesehen hat, der sie abgeholt hat. Mir scheint die schwedische Parallele einleuchtender zu sein; da träumt sie nachts von Graumantel als schönem Prinzen und öffnet dann am Tag eine Luke, die sie eigentlich nicht öffnen dürfte, und sieht da Graumantel. Offenbar weiß sie, daß es sich um denselben Menschen handelt, wird sprachlos vor Schreck und fällt wie tot nieder vor Angst. Sie träumt vom Prinzen; in ihrer Phantasie kann sie den Schritt vom Vater zum unbekannten Männlichen tun; wenn sie aber tags die Luke öffnet, dann ist der Mann nicht wunderschön, sondern ein abscheulicher Graumantel, vor dem man zu Tode erschrecken muß. Im Mann begegnet ihr das Faszinosum und das Tremendum: für das nächtliche Bewußtsein ist Sexualität etwas sehr Schönes, das Tagesbewußtsein erschrickt immerhin so, daß die Sprache verlorengeht.

Die vatergebundene Analysandin sprach einmal davon, daß Sex nachts ja noch ganz schön sei, aber wenn sie dann am Tag darüber nachdenke, dann finde sie «das Ganze» häßlich. Die Sexualität hat noch eindeutig zwei Seiten für die Analysandin: eine faszinierende und eine abschreckende – wie Graumantel im Märchen offenbar auch zwei Seiten hat.

Vom Schluß des Märchens her wissen wir, daß die Tochter des Königs so sehr erschrickt und sich ängstigt, weil sie einen «verwünschten» Graumantel gesehen hat. Verwünscht in diesem Märchen wohl durch die inzestuöse Beziehung zum Vater. Bei den Märchen, die wirklich vom Tierbräutigam handeln, ist die Deutung einfacher: da erschrickt sie offenbar einfach sehr stark vor der animalischen Seite der Sexualität; vielleicht kann man auch umgekehrt sagen, daß die Angst des Mädchens vor der Sexualität den Mann zu einem Tier werden läßt – während sie die Geistseite des Mannes gut akzeptieren kann.

Die Frage von Graumantel ist eigentümlich. An sich wissen ja beide, was sie gesehen hat. Am Schluß des Märchens ist aber doch sichtbar, daß das Mädchen sich darüber klar werden muß, daß das ein verwunschener Graumantel ist, nicht in seiner wahren Gestalt, sondern eben in eine erschreckende Gestalt gebracht durch einen Fluch. In dieser Situation aber hat das Mädchen nur Angst. Sie hat, im Zusammenhang mit der Sexualität und mit der Beziehung zum Mann, etwas entdeckt, was ihr allergrößte Angst macht. Sie kann kein Wort hervorbringen, so sehr schnürt es ihr die Kehle zusammen. Sie kann aber auch in Zukunft kein Wort herausbringen.

Nun macht alles Animalische in uns Angst. Wenn Menschen sich wie Tiere benehmen, ist das zutiefst erschrekkend. Da brechen ungeheure Kräfte durch, aggressive, destruktive, sexuelle. Auch das Erleben der männlichen Sexualität, der Sexualität überhaupt, kann für ein Mädchen sehr erschreckend sein. Wenn nun aber, wie hier im Märchen, eine stark betonte inzestuöse Beziehung zum Vater dazukommt, die ja bestimmt nicht offen ist, dann wird dieses Einbrechende noch angsterregender. Zudem kommt noch hinzu, daß auch der Vater mit diesem Problem nicht klargekommen ist, er verleugnet die inzestuöse Beziehung.

Folge dieses Schreckens ist, daß sie aus dem unterirdischen Schloß herausgeführt wird. Außerdem wird sie ganz nackt ausgezogen; ich denke da an Adam und Eva im Paradies. Nackt sein bedeutet unverhüllt zu sein, gefährdet sein, verletzbar sein – aber auch für einen Neuanfang bereit.

Sehr vieles spricht für eine Initiation: in den Berg hineingehen, da etwas ganz Erschreckendes erleben, aus dem Berg wieder herauskommen, die Kleider ausziehen müssen, auf einen Baum gesetzt werden. Dieses Motiv erinnert an die Baumgeburt, an das symbolische Herauswachsen aus dem Baum als Verkörperung des archetypischen Vaters und der archetypischen Mutter – also eine Wiedergeburt, die nichts mehr mit ihren persönlichen Eltern zu tun hat. Initiation hier ins Frau-Sein durch das Erschrecken in der Phantasie über das Männliche, über die Sexualität und über ihre sexuellen Wünsche dem Vater gegenüber.

In einer Lebensgeschichte könnte das so aussehen, daß ein Mädchen mit einer inzestuösen Vaterbindung sehr viele Phantasien hat über Partnerschaft und Sexualität. Und in den schönsten Phantasien drin merkt sie plötzlich, daß sie vor dem Manne auch eine ungeheure Angst hat, daß er für sie sein wahres Wesen verbergen kann, daß sie ihn zwielichtig erlebt. Diese Phantasien und das Erschrecken bringen das Mädchen auf eine neue Entwicklungsstufe, auf die Stufe der Frau.

Bei meiner Analysandin äußerte sich diese Phase so, daß nach einer Zeit der Arbeit mit ihr ihr plötzlich erschrekkend klar wurde, daß sie eigentlich ihren Vater «gewollt» hätte und daß hinter der Ablehnung der «tierischen Sexualität», der Angst davor, ihre Angst vor ihren Sexualwünschen dem Vater gegenüber standen. Diese Angst vor der Sexualität verkehrte sie, indem sie die Männer in ihrer Sexualität «abwertete».

Weil das Mädchen eine neue Entwicklungsstufe erreicht hat, verwundert es im Märchen auch nicht, daß da gleich der Königssohn mit seinen Jägern jagt – und im Gegensatz zum alten König ist er erfolgreich. Er kann das Mädchen, da er sie als Mensch zu fassen bekommt, vom Baum herunterholen. (Wer nur ihre Ringe will, hat sie nicht erfaßt.) Der Feigenbaum ist ein Symbol für Fruchtbarkeit und Überfluß; er war dem Dionysos heilig, daher auch ein Symbol für Erotik und Sexualität. Und sie wird ja nun auch wie eine reife Frucht von diesem Baum der Erotik und der Sexualität gepflückt – bekommt neue Kleider und wird die Frau des Königssohns. Aber sie ist noch immer stumm.

Wenn das Mädchen noch stumm ist, dann kann sie die Beziehung zu ihrem Mann nur über den Körper gestalten, der ganze Aspekt des menschlichen Zusammenseins, den wir mit der Sprache gestalten, fällt aus. Sie wird ja auch als Naturwesen geschildert in ihrer Geburt aus dem Baum, aus dem Feigenbaum, und die Mutter sagt auch strafend zum Sohn, was er sich denn da für einen Frauenmensch aus dem Baum geholt habe, der nicht sprechen könne. Die Frau wird damit gekennzeichnet als eine, die nur Kontakt zu ihrem Mann haben kann und die ungeheuer einsam sein dürfte; Angst macht einsam. – Auch wenn eine neue Entwicklungsstufe gewonnen ist, auch wenn das Mädchen zur Frau geworden ist, und zwar zu einer Frau, die Frucht eines Feigenbaums ist, wo Sexualität und Erotik wichtig sind, ist sie noch stumm. Sie steht noch immer unter dem Schock, den sie hatte, als sie Graumantel erkannt hat. Die Beziehung zwischen ihr und Graumantel ist noch nicht abgebrochen, auch wenn sie nun in einer Beziehung zu einem Mann lebt, der äußerlich Graumantel nicht zu gleichen scheint. Wenn Graumantel für das entstellte Bild des Mannes steht, das ihr aus Angst vor ihren inzestuösen Wünschen entstanden ist, dann ist die Beziehung zu ihrem Mann, den wir mit Graumantel in Verbindung bringen müssen – beachten wir den Schluß des Märchens –, immer noch von diesen inzestuösen Wünschen und Ängsten mitgeprägt. Das, was sie mit dem irdischen Mann kreiert, kann nicht existieren. So könnte man dann auch verstehen, daß Graumantel immer wieder nach der Geburt ihre Kinder sich holt. Ich habe weiter oben gesagt, daß die symbolische Bedeutung einer inzestuösen Beziehung darin besteht, daß nichts Neues entstehen darf.

Das Kind aber ist das Symbol für das schlechthin Neue. Und deshalb muß Graumantel, solange er existiert, die Kinder immer wieder wegholen. Graumantel holt die Kinder nachts, wenn sie schläft. Bei all diesen Märchen, in denen der Mutter die Kinder weggenommen werden, auf mehr oder weniger grausame Weise, fällt auf, daß der Vater entweder abwesend ist oder offenbar auch schläft. Das legt nahe, bei den Märchen, in denen eine männliche Figur die Kinder holt, diese Figur als einen Aspekt des Mannes zu sehen. Hier sozusagen als der «Nachtaspekt». War Graumantel zuvor am Tage erschreckend, ist er es nun in der Nacht. Das heißt, daß der erschreckende Aspekt der Beziehung zum Mann unbewußt geworden ist – aber nicht minder wirksam. Ich frage mich allerdings auch, ob der erschreckende Aspekt auch noch darin liegen könnte, daß sie spürt, daß der Mann nicht will, daß sie Kinder hat, daß er nicht will, daß sie zur Mutter wird, und ihr deshalb die Kinder wegnimmt. Graumantel würde dann auch stehen für eine sehr fordernde aggressive Sexualität, die nur Sexualität, nicht aber Kinder haben will. Männer, die nicht ertragen, daß ihre Frauen Mütter werden, sind ja oft sehr verwünscht; meistens leiden sie unter einem sie bindenden Mutterkomplex, und wenn ihre Frau selber Mutter wird, dann wird ihre Angst vor dem Inzest riesengroß. Wenn ich so interpretiere, dann nehme ich an, daß nicht nur die Frau eine inzestuöse Beziehung zum Vater hat, sondern der Mann auch eine inzestuöse Beziehung zur Mutter. Die alte Königin, die Mutter des Mannes, von der zuvor überhaupt nicht die Rede war, ist es denn auch, die dafür sorgt, daß die Schwiegertochter vor Gericht kommt, ist die, die die Schwiegertochter aus dem Weg haben will.

Die junge Mutter leidet, weint und sagt nichts. Bedenkt man, wie sehr sie leidet, wenn das Neugeborene, das, was neu geworden ist, zu dem sie bestimmt schon eine tiefe Liebe erfüllt, das sie unter Schmerzen zur Welt gebracht hat, ihr gestohlen wird, sie zudem aber noch als die hingestellt wird, die das Kind getötet hat, verwundert es, daß sie nichts sagt. Aber weiß sie überhaupt, was geschehen ist? Graumantel kam ja nachts, als sie schlief. Graumantel wirkt sadistisch, destruktiv.

Und so ist es wohl auch zu interpretieren: Das Leben geht weiter, neue Lebensimpulse werden ihr geboren, aber über Nacht sind diese wieder weg, und sie hat am Morgen nur noch das Gefühl des Verlusts und vielleicht auch das Gefühl, eine Mörderin zu sein, selber schuld zu sein, daß das Neue, das eine Bereicherung des Lebens versprochen hätte, schon wieder weg ist. Schuld daran ist, daß dieses Graumantelproblem noch immer nicht gelöst ist, daß Graumantel noch immer vorhanden ist und daß sie aus Angst davor nicht sprechen kann.

Dieses Nicht-Sprechen-Können hat den Sinn, daß sie nicht zur Unzeit spricht, daß sie erst spricht, wenn die Zeit dazu reif geworden ist. Dieses Nicht-Sprechen-Können hat aber auch weiter die Funktion, daß sie sich distanziert von allem, was mit diesem Graumantel-Erlebnis zusammenhängt: Sie hat sich konsequent an den positiven Aspekt des Männlichen gehalten, hier ausgedrückt in der Beziehung zum Königssohn. Das sähe in einem Frauenschicksal etwa so aus, daß durch die verdeckt inzestuöse Beziehung zum Vater eine ungeheure Angst vor einem «fürchterlichen» Aspekt der Sexualität, der verbotenen Sexualität, vorhanden ist, daß aber auch ein sehr großes Geheimnis, was die Sexualität anbelangt, vorhanden ist, daß die Frau aber dieses Angstmachende nicht zuläßt, am Mann seine hellen Seiten sieht und nicht die dunklen, triebhaften, aggressiven, die von der Inzestphantasie noch überdeckt sind.
Nachdem meiner Analysandin ihre Angst vor Sexualität und ihre inzestuösen Phantasien bewußt geworden waren, erfaßte sie eine ungeheure Scham vor ihrem «Getriebensein». Es gelang ihr, ihr «Pseudoleben» mit dem Vater aufzugeben. Gleichzeitig versuchte sie konsequent, sich nicht in eine sexuelle Versuchungssituation zu begeben, wo Angst hätte aufbrechen können. Sie hielt sich konsequent von der «Graumantel-Welt» fern. Dadurch konnte sie auch ihren Ehemann plötzlich neu sehen, von seinen positiven Seiten her. Mit der Opferung der inzestuösen Phantasie belebten sich vor allem politische Interessen. Wie im Märchen folgte eine Phase der Verleugnung dieser Graumantel-Welt und ihrer Faszination.
Diese Graumantel-Welt und das inzestuöse Verwobensein damit kann ja auch symbolisch verstanden werden: So ein Graumantel in einem Schloß unter der Erde kann eine Animusgestalt darstellen, die unheimlich ist, faszinierend,

bedrohlich; es besteht ja immer auch die Gefahr, daß sie zum Beispiel ihr Leben unter der Erde im Schloß mit ihm fristen würde, und das würde wohl einer Psychose gleichkommen. Diese Seiten, diese faszinierenden Phantasien, die das Ich auflösen könnten, müssen dann gemieden werden. Sie müssen verleugnet werden bis zur Selbstaufgabe, hier im Märchen dargestellt durch das Zum-Tode-verurteilt-Werden.

Als die Frau getötet werden soll, kommt Graumantel angefahren. Jetzt beginnt der Verhüllte sich zu zeigen. Er kommt mit einem goldenen Wagen, der von vier schwarzen Pferden gezogen ist. Weist das Gold auf die Sonnenqualität hin, auf unzerstörbare Werte, auf eine Vollkommenheit, so ist es als Sonnenfarbe auch ein Zeichen für Bewußtsein und für die hellen Aspekte der Menschen. Die vier schwarzen Pferde hingegen sind die Pferde der Unterwelt; wenn man Gold mit Geist assoziiert, dann die schwarzen Pferde mit den dunklen, animalischen Trieben, die mit Tod und Wiedergeburt zu tun haben. Graumantel hat auch eine fürchterliche Stimme, er ist noch jetzt mächtig und auch angstauslösend.

Erinnern wir uns an die schwedische Parallele, wo das Mädchen nachts von Graumantel als einem schönen jungen Mann träumt, während Graumantel in einer Luke unten im Haus sitzt, dann ist in diesem Gefährt, das ja wiederum Bewegung ins Leben dieser Frau hineinbringen wird, ausgedrückt, daß nun die Spaltung im Männerbild überwunden ist, daß zumindest jetzt die Möglichkeit besteht, daß diese Spaltung überwunden werden kann.

Wie sehr Graumantel ein Derivat der Vaterbeziehung ist, zeigt sich in seiner Frage: Mein Kind, was hast du gesehen, als du in den Keller gucktest? Es ist auch in den Märchen nicht üblich, Frauen, die bereits Kinder auf die Welt gebracht haben, als «mein Kind» anzusprechen. Im Verhaftetsein an diesen Graumantel ist unsere Frau im Märchen aber irgendwo Kind geblieben, und erst das Finden der Sprache – das Überwinden der Angst vor diesem Graumantel –, die Todesangst ist wohl noch größer, gibt ihr die Möglichkeit zu sagen, was sie gesehen hat: nicht einfach ihn, sondern ihn in seiner verwünschten Form und deshalb auch in seiner angstmachenden Form.

Eine letzte Auseinandersetzung mit der «Graumantel-Welt» erfolgte bei meiner Analysandin, als sie einen Traum hatte, in dem ihr Vater ihr als Pan erschien, mit Ziegenfüßen und erigiertem Glied. Im Traum erschrak sie so sehr, daß sie erwachte. Sie begann zu verstehen, daß das Problem einer drängenden, verdrängten animalischen Sexualität hinter der Beziehung zu ihrem Vater gestanden hatte, daß dieses Problem eben schon das Problem auch ihres Vaters war.

Als die Königstochter im Märchen die verwünschte Form des Graumantels angesprochen hatte, verwandelt sich Graumantel in einen hübschen Prinzen, holt die Kinder und sagt ihr, sie sei seine Frau. Im schwedischen Parallelmärchen fällt der graue Mantel in Asche, und heraus kommt ein wunderschöner Prinz. Auch steht das Schloß jetzt nicht mehr im Berg, sondern auf dem Berg. Auch hier ist er symbolisch von einer Hülle befreit worden, er darf sich zeigen, er muß sich nicht mehr verbergen. Oder wenn wir das Eingeschlossensein im Berg interpretieren als das Umschlossensein vom Mütterlichen, dann ist er durch die Liebe seiner Frau daraus erlöst worden. Im Märchen vom Tierbräutigam ist es ja meistens so, daß irgendeine Waldfrau oder eine Hexe den Mann in ein Tier verwandelt hat. Das kann man von zwei Seiten her ansehen: Die Mutter kann dem heranwachsenden Mädchen, damit sie es nicht verlieren muß, die animalischen Aspekte der männlichen Sexualität so sehr zum Bewußtsein bringen, daß das Mädchen das Gefühl hat, Männer seien überhaupt nur «Schweine». Umgekehrt: Wenn die Liebe des Sohnes noch der Mutter gilt, dann zeigt er den Frauen vor allem seine nur sexuellen, aggressiven Seiten. Hier in diesem Märchen scheint mir das Ganze noch subtiler zu sein, da die Mutter nicht auftritt, auch nicht faßbar ist, sondern irgendwie dahintersteht.

Der Schluß des Märchens zeigt, daß die Angst vor dem Männlichen überwunden ist, daß auch nicht mehr eine Spaltung im Erlebnis des Männlichen stattfindet, daß aber auch die Begierde, die durch die inzestuöse Beziehung zum Vater geweckt wurde, nicht mehr als gefährlich erlebt wird. Das Märchen zeigt aber auch, daß die Beziehung zum Männlichen aus dieser inzestuösen Beziehung heraus sich entwickelt hat. Die Angst in diesem Märchen ist einerseits die Triebangst, anderseits die Angst vor dem überwältigenden Männlichen, das durch die inzestuöse Beziehung faszinierend und ängstigend zugleich ist.

Die Angstbewältigung geschieht dadurch, daß sich das Mädchen konsequent an die positiven Seiten des Männlichen hält und schweigt, auch wenn klar wird, daß dadurch das Problem nicht gelöst wird. Es kommt dann auch der Moment, wo das Leben überhaupt nicht mehr weitergehen kann – die Kinder sind weg, sie darf nicht mehr leben – und will wohl auch nicht mehr leben (die tödliche Langeweile meiner Analysandin) –, und in diesem Moment taucht das alte Problem auf; durch das rechtzeitige Benennen des Problems wird es gelöst, und dadurch kommt die ganze Lebensenergie zurück.

Es ist bei den Angstmärchen immer so, daß dann, wenn die Angst ausgehalten ist, irgend etwas Wunderbares sich ereignet, so daß sich die Angst auflöst und einer größeren Lebendigkeit Platz macht. Es ist aber wichtig, daß man den guten Moment findet, um die Tierhaut zu verbrennen, daß man den guten Moment findet, um das Schreckliche zu benennen. Ist es zu früh, dann muß nachher lange wieder gesucht werden, der Inhalt kann sich nicht verwandeln: etwas, das wir aus der Therapie zur Genüge kennen, das zu frühe Ansprechen eines angstmachenden Geheimnisses. Man kann in den Märchen allerdings das angstmachende Geheimnis auch zu spät ansprechen. Dann bleiben die verzauberten Männer in ihrer Tiergestalt.

DIE NIXE IM TEICH

Die Angst vor einem übermächtigen Gefühl

Es war einmal ein Müller, der führte mit seiner Frau ein vergnügtes Leben. Sie hatten Geld und Gut, und ihr Wohlstand nahm von Jahr zu Jahr noch zu. Aber Unglück kommt über Nacht: wie ihr Reichtum gewachsen war, so schwand er von Jahr zu Jahr wieder hin, und zuletzt konnte der Müller kaum noch die Mühle, in der er saß, sein Eigentum nennen. Er war voll Kummer, und wenn er sich nach der Arbeit des Tags niederlegte, so fand er keine Ruhe, sondern wälzte sich voll Sorgen in seinem Bett. Eines Morgens stand er schon vor Tagesanbruch auf, ging hinaus ins Freie und dachte, es sollte ihm leichter ums Herz werden. Als er über dem Mühldamm dahinschritt, brach eben der erste Sonnenstrahl hervor, und er hörte in dem Weiher etwas rauschen. Er wendete sich um und erblickte ein schönes Weib, das sich langsam aus dem Wasser erhob. Ihre langen Haare, die sie über den Schultern mit ihren zarten Händen gefaßt hatte, flossen an beiden Seiten herab und bedeckten ihren weißen Leib. Er sah wohl, daß es die Nixe des Teichs war, und wußte vor Furcht nicht, ob er davongehen oder stehenbleiben sollte. Aber die Nixe ließ ihre sanfte Stimme hören, nannte ihn beim Namen und fragte, warum er so traurig wäre. Der Müller war anfangs verstummt; als er sie aber so freundlich sprechen hörte, faßte er sich ein Herz und erzählte ihr, daß er sonst in Glück und Reichtum gelebt hätte, aber jetzt so arm wäre, daß er sich nicht zu raten wüßte. «Sei ruhig», antwortete die Nixe, «ich will dich reicher und glücklicher machen, als du je gewesen bist, nur mußt du mir versprechen, daß du mir geben willst, was eben in deinem Haus jung geworden ist.» – «Was kann das anders sein», dachte der Müller, «als ein junger Hund oder ein junges Kätzchen?» und sagte ihr zu, was sie verlangte. Die Nixe stieg wieder in das Wasser hinab, und er eilte getröstet und guten Mutes nach seiner Mühle. Noch hatte er sie nicht erreicht, da trat die Magd aus der Haustüre und rief ihm zu, er sollte sich freuen, seine Frau hätte ihm einen kleinen Knaben geboren. Der Müller stand wie vom Blitz gerührt; er sah wohl, daß die tückische

Nixe das gewußt und ihn betrogen hatte. Mit gesenktem Haupt trat er zu dem Bett seiner Frau, und als sie ihn fragte: «Warum freust du dich nicht über den schönen Knaben?», so erzählte er ihr, was ihm begegnet war und was für ein Versprechen er der Nixe gegeben hatte. «Was hilft mir Gück und Reichtum», fügte er hinzu, «wenn ich mein Kind verlieren soll? Aber was kann ich tun?» Auch die Verwandten, die herbeigekommen waren, Glück zu wünschen, wußten keinen Rat.

Indessen kehrte das Glück in das Haus des Müllers wieder ein. Was er unternahm, gelang, es war, als ob Kisten und Kasten von selbst sich füllten und das Geld im Schrank über Nacht sich mehrte. Es dauerte nicht lange, so war sein Reichtum größer als je zuvor. Aber er konnte sich nicht ungestört darüber freuen: die Zusage, die er der Nixe getan hatte, quälte sein Herz. Sooft er an dem Teich vorbeikam, fürchtete er, sie möchte auftauchen und ihn an seine Schuld mahnen. Den Knaben selbst ließ er nicht in die Nähe des Wassers: «Hüte dich», sagte er zu ihm, «wenn du das Wasser berührst, so kommt eine Hand heraus, hascht dich und zieht dich hinab.» Doch als Jahr auf Jahr verging und die Nixe sich nicht wieder zeigte, so fing der Müller an, sich zu beruhigen.

Der Knabe wuchs zum Jüngling heran und kam bei einem Jäger in die Lehre. Als er ausgelernt hatte und ein tüchtiger Jäger geworden war, nahm ihn der Herr des Dorfes in seine Dienste. In dem Dorf war ein schönes und treues Mädchen, das gefiel dem Jäger, und als sein Herr das bemerkte, schenkte er ihm ein kleines Haus; die beiden hielten Hochzeit, lebten ruhig und glücklich und liebten sich von Herzen.

Einstmals verfolgte der Jäger ein Reh. Als das Tier aus dem Wald in das freie Feld ausbog, setzte er ihm nach und streckte es endlich mit einem Schuß nieder. Er bemerkte nicht, daß er sich in der Nähe des gefährlichen Weihers befand, und ging, nachdem er das Tier ausgeweidet hatte, zu dem Wasser, um seine mit Blut befleckten Hände zu waschen. Kaum aber hatte er sie hineingetaucht, als die Nixe emporstieg, lachend mit ihren nassen Armen ihn umschlang und so schnell hinabzog, daß die Wellen über ihm zusammenschlugen.

Als es Abend war und der Jäger nicht nach Haus kam, so geriet seine Frau in Angst. Sie ging aus, ihn zu suchen, und da er ihr oft erzählt hatte, daß er sich vor den Nachstellungen der Nixe in acht nehmen müßte und nicht in die Nähe des Weihers sich wagen dürfte, so ahnte sie schon, was geschehen war. Sie eilte zu dem Wasser, und als sie am Ufer seine Jägertasche liegen fand, da konnte sie nicht länger an dem

Unglück zweifeln. Wehklagend und händeringend rief sie ihren Liebsten mit Namen, aber vergeblich: sie eilte hinüber auf die andere Seite des Weihers und rief ihn aufs neue: sie schalt die Nixe mit harten Worten, aber keine Antwort erfolgte. Der Spiegel des Wassers blieb ruhig, nur das halbe Gesicht des Mondes blickte unbeweglich zu ihr herauf.

Die arme Frau verließ den Teich nicht. Mit schnellen Schritten, ohne Rast und Ruhe, umkreiste sie ihn immer von neuem, manchmal still manchmal einen heftigen Schrei ausstoßend, manchmal in leisem Wimmern. Endlich waren ihre Kräfte zu Ende: sie sank zur Erde nieder und verfiel in einen tiefen Schlaf. Bald überkam sie ein Traum.

Sie stieg zwischen großen Felsblöcken angstvoll aufwärts; Dornen und Ranken hakten sich an ihre Füße, der Regen schlug ihr ins Gesicht, und der Wind zauste ihr langes Haar. Als sie die Anhöhe erreicht hatte, bot sich ein ganz anderer Anblick dar. Der Himmel war blau, die Luft mild, der Boden senkte sich sanft hinab, und auf einer grünen, bunt beblümten Wiese stand eine reinliche Hütte. Sie ging darauf zu und öffnete die Türe; da saß eine Alte mit weißen Haaren, die ihr freundlich winkte. In dem Augenblick erwachte die arme Frau. Der Tag war schon angebrochen, und sie entschloß sich, gleich dem Traum Folge zu leisten. Sie stieg mühsam den Berg hinauf, und es war alles so, wie sie es in der Nacht gesehen hatte. Die Alte empfing sie freundlich und zeigte ihr einen Stuhl, auf den sie sich setzen sollte. «Du mußt ein Unglück erlebt haben», sagte sie, «weil du meine einsame Hütte aufsuchst.» Die Frau erzählte ihr unter Tränen, was ihr begegnet war. «Tröste dich», sagte die Alte, «ich will dir helfen: da hast du einen goldenen Kamm. Harre, bis der Vollmond aufgestiegen ist, dann geh zu dem Weiher, setze dich am Rand nieder und strähle dein langes schwarzes Haar mit diesem Kamm. Wenn du aber fertig bist, so lege ihn am Ufer nieder, und du wirst sehen, was geschieht.»

Die Frau kehrte zurück, aber die Zeit bis zum Vollmond verstrich ihr langsam. Endlich erschien die leuchtende Scheibe am Himmel; da ging sie hinaus an den Weiher, setzte sich nieder und kämmte ihre langen schwarzen Haare mit dem goldenen Kamm, und als sie fertig war, legte sie ihn an den Rand des Wassers nieder. Nicht lange, so brauste es aus der Tiefe, eine Welle erhob sich, rollte an das Ufer und führte den Kamm mit sich fort. Es dauerte nicht länger, als der Kamm nötig hatte, auf den Grund zu sinken, so teilte sich der Wasserspiegel, und der Kopf des Jägers stieg in die Höhe. Er sprach nicht, schaute aber seine

Frau mit traurigen Blicken an. In demselben Augenblick kam eine zweite Welle herangerauscht und bedeckte das Haupt des Mannes. Alles war verschwunden, der Weiher lag so ruhig wie zuvor, und nur das Gesicht des Vollmondes glänzte darauf.

Trostlos kehrte die Frau zurück, doch der Traum zeigte ihr die Hütte der Alten. Abermals machte sie sich am nächsten Morgen auf den Weg und klagte der weisen Frau ihr Leid. Die Alte gab ihr eine goldene Flöte und sprach: «Harre bis der Vollmond wieder kommt, dann nimm diese Flöte, setze dich an das Ufer, blas ein schönes Lied darauf, und wenn du damit fertig bist, so lege sie auf den Sand; du wirst sehen, was geschieht.»

Die Frau tat, wie die Alte gesagt hatte. Kaum lag die Flöte auf dem Sand, so brauste es aus der Tiefe: eine Welle erhob sich, zog heran und führte die Flöte mit sich fort. Bald darauf teilte sich das Wasser, und nicht bloß der Kopf, auch der Mann bis zur Hälfte des Leibes stieg hervor. Er breitete voll Verlangen seine Arme nach ihr aus, aber eine zweite Welle rauschte heran, bedeckte ihn und zog ihn wieder hinab.

«Ach, was hilft es mir», sagte die Unglückliche, «daß ich meinen Liebsten nur erblicke, um ihn wieder zu verlieren.» Der Gram erfüllte aufs neue ihr Herz, aber der Traum führte sie zum drittenmal in das Haus der Alten. Sie machte sich auf den Weg, und die weise Frau gab ihr ein goldenes Spinnrad, tröstete sie und sprach: «Es ist noch nicht alles vollbracht, harre, bis der Vollmond kommt, dann nimm das Spinnrad, setze dich an das Ufer und spinn die Spule voll, und wenn du fertig bist, so stelle das Spinnrad nahe an das Wasser, und du wirst sehen, was geschieht.»

Die Frau befolgte alles genau. Sobald der Vollmond sich zeigte, trug sie das goldene Spinnrad an das Ufer und spann emsig, bis der Flachs zu Ende und die Spule mit dem Faden ganz angefüllt war. Kaum aber stand das Rad am Ufer, so brauste es noch heftiger als sonst in der Tiefe des Wassers, eine mächtige Welle eilte herbei und trug das Rad mit sich fort. Alsbald stieg mit einem Wasserstrahl der Kopf und der ganze Leib des Mannes in die Höhe. Schnell sprang er ans Ufer, faßte seine Frau an der Hand und entfloh. Aber kaum hatten sie sich eine kleine Strecke entfernt, so erhob sich mit entsetzlichem Brausen der ganze Weiher und strömte mit reißender Gewalt in das weite Feld hinein. Schon sahen die Fliehenden ihren Tod vor Augen; da rief die Frau in ihrer Angst die Hilfe der Alten an, und in dem Augenblick waren sie verwandelt, sie in eine Kröte, er in einen Frosch. Die Flut, die sie erreicht hatte, konnte sie nicht töten, aber sie riß sie beide voneinander und führte sie weit weg.

Als das Wasser sich verlaufen hatte und beide wieder den trocknen Boden berührten, so kam ihre menschliche Gestalt zurück. Aber keiner wußte, wo das andere geblieben war; sie befanden sich unter fremden Menschen, die ihre Heimat nicht kannten. Hohe Berge und tiefe Täler lagen zwischen ihnen. Um sich das Leben zu erhalten, mußten beide die Schafe hüten. Sie trieben lange Jahre ihre Herden durch Feld und Wald und waren voll Trauer und Sehnsucht.

Als wieder einmal der Frühling aus der Erde hervorgebrochen war, zogen beide an einem Tag mit ihren Herden aus, und der Zufall wollte, daß sie einander entgegenzogen. Er erblickte an einem fernen Bergesabhang eine Herde und trieb seine Schafe nach der Gegend hin. Sie kamen in einem Tal zusammen, aber sie erkannten sich nicht, doch freuten sie sich, daß sie nicht mehr so einsam waren. Von nun an trieben sie jeden Tag ihre Herden nebeneinander: sie sprachen nicht viel, aber sie fühlten sich getröstet. Eines Abends, als der Vollmond am Himmel schien und die Schafe schon ruhten, holte der Schäfer die Flöte aus seiner Tasche und blies ein schönes, aber trauriges Lied. Als er fertig war, bemerkte er, daß die Schäferin bitterlich weinte. «Warum weinst du?» fragte er. «Ach», antwortete sie, «so schien auch der Vollmond, als ich zum letztenmal dieses Lied auf der Flöte blies und das Haupt meines Liebsten aus dem Wasser hervorkam.» Er sah sie an, und es war ihm, als fiele eine Decke von den Augen; er erkannte seine liebste Frau: und als sie ihn anschaute und der Mond auf sein Gesicht schien, erkannte sie ihn auch. Sie umarmten und küßten sich, und ob sie glückselig waren, braucht keiner zu fragen.

Das Märchen (12) schildert uns einen Müller, der in große Armut geraten ist, deswegen voll Kummer ist und nicht weiß, was er noch tun soll. Der Müller war aber nicht schon immr arm, er war zunächst sogar sehr reich und konnte gut leben.

Ein Müller erwirbt sich seinen Reichtum – oder erwarb sich seinen Reichtum durch das strömende Wasser, das ihm seine Mühlräder treibt. Hinter dem Müller ist also eine Haltung des Bewußtseins verborgen, die mit den

Kräften des Unbewußten etwas anfangen kann, Getreide mahlen kann, so daß es zu Brot verarbeitet werden kann, also die Menschen nähren kann. Diese Möglichkeit scheint nun plötzlich nicht mehr vorhanden zu sein. Wir wissen aus diesem Märchen nicht, was geschehen ist. Vielleicht führte der Fluß, an dem er seine Mühle hatte, plötzlich kein Wasser mehr. Der Fluß des Unbewußten trocknet aus – damit wird aber auch das Leben des Müllers ausgetrocknet. Ein solches ausgetrocknetes Bewußtseinsleben wird vom Märchen als Armut geschildert, meistens auch noch im Zusammenhang mit Kinderlosigkeit. Auch diese dürfte beim Müller vorhanden gewesen sein, denn die Geburt des Sohnes wird wie ein lang entbehrtes Ereignis angekündigt.

Wenn der Müller mit seiner Frau keine Kinder hatte, dann könnte das heißen, daß eine Beziehung zwischen dem Männlichen und dem Weiblichen herrscht, die unfruchtbar geworden ist. Da der Müller in diesem Märchen als der Hauptleidtragende geschildert wird – zunächst mindestens –, ist anzunehmen, daß der männlichen Bewußtseinshaltung die Beziehung zum Weiblichen abhanden gekommen ist, daß, um es etwas praktischer auszudrücken, die Beziehung zu den Emotionen, zum Eros abhanden gekommen ist, daß damit auch die Gewißheit abhanden gekommen ist, daß die Dinge ihren Lauf nehmen müssen, daß auf Reichtum eben Armut und auf Armut wiederum Reichtum folgen müssen. Alles Leben verläuft zyklisch.

Als der Müller nicht mehr ein noch aus weiß, trifft er eines Morgens im Weiher eine Nixe. Und er weiß vor Furcht nicht, ob er dableiben oder ob er flüchten soll. Die Nixe aber verführt ihn mit sanfter Stimme, ihr sein Leid zu klagen und hilft ihm unter der Bedingung, daß er geben soll,

was zu Hause jung geworden ist. Sie hilft ihm also aus seinem Leid, aber gleichzeitig muß das, was in seinem Haus jung geworden ist, sich dann mit dieser Nixe auseinandersetzen.
Wir haben hier wieder dasselbe Motiv wie im «Graumantel»; hier wird aber nicht die Tochter versprochen, sondern der Sohn. Daß der Müller nicht weiß, daß in seinem Haus ein Kind geboren wird, ist ein weiterer Hinweis darauf, wie unaufmerksam seine Beziehung zu seiner Frau ist, wie verbohrt er aber auch in sein vermeintliches Unglück ist. Er meint zwar, seine Armut sei ganz, währenddessen ist bereits das Kind unterwegs.
Was bedeuten Nixen? Nixen, Seejungfrauen sind sehr verführerische weibliche Figuren, sie verführen Männer, ziehen sie etwa auch einfach unter Wasser, wie das dann in unserem Märchen geschildert wird (vgl. Goethe: Der Fischer: «Halb zog sie ihn, halb sank er hin und ward nicht mehr gesehn...»). Sie wollen einen Mann haben, weil sie angeblich keine Seele haben, gelten als ausgesprochen leidenschaftlich und bringen es immer fertig, daß der Mann seinen Kopf verliert, daß er ganz seinen Leidenschaften, Emotionen, Phantasien hingegeben ist. Die Gefahr ist, daß der Mann ins Unbewußte gezogen wird oder daß er, wenn er seine Nixe verliert, von wilden Sehnsüchten geplagt wird, daß er Hof und Heim verläßt und auch in die Irre geht. Ins Wasser versinken, im Wald sich verirren, in der Wüste sich verirren, das sind einerseits alles Symbole für das Überwältigtwerden vom Unbewußten. Dennoch meine ich, daß zum Beispiel ein großer Unterschied besteht zwischen dem Sich-verirren-im-Wald und dem Ins-Wasser-gezogen-Werden. Im Wald beispielsweise wird man, auch wenn man keinen Ausweg mehr findet, immer noch auf seinen eigenen Beinen stehen, im Wasser kaum.

Ich meine also, daß dieses Verschlungenwerden von der Nixe eine viel tiefere Regression ins Unbewußte ankündigt als das bloße Verirren im Wald.
In der Begegnung mit der Nixe ist also die ungeheure Angst und Sehnsucht des Mannes vor der leidenschaftlichen, naturhaften Emotionalität dargestellt, die ebenso faszinierend wie gefährlich ist. Gerade diese Emotionalität war im Müllerspaar zu sehr abgespalten, und daher wird sie so verführerisch und auch gefährlich.
Hinter der Nixe verbirgt sich natürlich auch die Muttergöttin, besonders die Liebesgöttin, etwa die Venus oder die Aphrodite. Daher kommt auch die Numinosität dieser Nixen. Das sind nicht «nur» Nixen, die haben göttliche Gewalt. Und sie haben sich ja bis in die heutige Zeit hinein erhalten. Zum Beispiel die weitverbreitete Furcht vor Seepflanzen wird oft in Zusammenhang gebracht mit der Furcht vor Nixen, die einen auf den Grund des Wassers ziehen könnten. Es ist aber nicht nur Furcht, es ist auch das Faszinosum: Dort in den Märchen, wo Menschen sich mit Nixen verbunden haben, oder auch in den verschiedenen Undine-Stoffen, ist es immer die Sehnsucht eines Menschen nach etwas ganz anderem, nach «Tiefe» auch, nach Transzendenz, nach Entgrenzen, nach dem, was man nicht kennt – was deshalb Angst macht und fasziniert –, und diese Tiefe, diese Entgrenzung wird zunächst im Eros und in der Sexualität gesucht und gefunden. Wer sich mit Nixen einläßt, muß damit rechnen, daß er verschlungen wird, daß er ganz von ihnen gepackt wird. Entgrenzung kann zur Auflösung werden. Niemand kann von diesen Emotionen ergriffen und nicht dabei verändert werden.
Der Müller aber muß den Preis nicht selber bezahlen. Er ist in einer Lebenssituation der größten Enge – und da erscheint ihm die Nixe als eine, die ihm neue Hoffnung

bringt. Auch bringt sie ihn dazu, ihr sein Leid zu klagen. Er wird von ihr aber nicht wirklich «ergriffen», vergleichbar jenen Lebenssituationen, in denen man sich «ausgetrocknet», verängstigt, bedrückt vorkommt und plötzlich erfaßt wird von einer Emotion, die einen wieder beflügelt. Dabei gibt man sich dann gar nicht wirklich der Emotion hin, davor hätte man Angst, aber es genügt, eine erste Ahnung zu haben, daß da etwas Neues, Aufregendes – und hier auch Gefährliches – auf einen wartet, und man wird sich wirklich ergreifen lassen müssen, soll das Leben nicht wieder austrocknen. Dem Müller genügt diese erste Begegnung mit der Nixe – er wird gleich wieder reich.

Wenn die Nixen nämlich auftauchen als Wasserfrauen, die stehlen, dann sind sie zu wenig bedacht worden, dann haben sie zu wenig teilnehmen dürfen am Leben – und dann werden sie bedrohlich. Wenn die Männer zu sehr ihre Emotionen abspalten oder ganze kollektive Systeme dies tun, dann werden die Sehnsüchte danach sehr groß, und die Gefahr, von den Emotionen überschwemmt zu werden, wächst. Eine «Sucht nach Emotionen» stellt sich ein.

Das ganze zukünftige Leben steht nun unter der Angst, daß die Nixe ihr Versprechen wahr machen könnte, daß sie den Knaben holen könnte, diese Angst wird geteilt, der Vater spricht schon von dem Problem, als die Verwandten herkommen und Glück wünschen.

Wovon ist der Knabe bedroht, welches Problem muß er lösen, welches Problem haben seine Eltern nicht gelöst? Ich meine, daß diese Märchen, in denen ein Kind «verkauft» oder «versprochen» wird, zeigen, daß die Kinder die Probleme lösen müssen, die die Eltern nicht gelöst haben. Der Sohn wird, im Zusammenhang mit der Liebe, von wilden Emotionen erfaßt werden, die ihn weit wegtragen von allem Menschlichen, er wird von einer Sehnsucht erfaßt werden, die seinen realen Alltag sprengt. Er wird auch verzaubert werden, wie ein Tierbräutigam, aber wird kaum als Tier dann noch für seine Frau zu fassen sein, sondern überhaupt nicht mehr.

Die Einstellung zum Weiblichen und zum großen Mütterlichen, die hinter dieser Verzauberung durch die Nixe sichtbar wird, muß sich wandeln. Die Nixe hier ist ja im Teich, im Weiher. Der Weiher ist der Ort, wo Frau Holle, eine der großen mythologischen Muttergestalten, die Kinder ins Leben hineingibt und sie wieder herausholt. Es wird um Schöpferischsein und Leben oder um Untergehen gehen.

Die Angst vor der großen Gefahr durchzieht das ganze Märchen, und es werden verschiedene Verhaltensweisen sichtbar, wie damit umgegangen wird. Der Vater erzählt das Problem allen Leuten. Das ist vermutlich eine Technik der Angstbeschwichtigung: In der Gruppe hat man weniger Angst vor etwas Bedrohlichem denn als einzelner.

Dann wird der Knabe gemahnt, nicht an das Wasser heranzugehen. Er wird auch ganz richtig gemahnt, daß ihn sonst die Wasserfrau hinunterziehen würde. Das Gefährliche wird also vermieden. Und das geht auch recht gut. Der Knabe wird erwachsen – es ist ja klar, daß die Nixe ihn nicht haben will, bevor er erwachsen ist, bevor das Problem von Liebe und Sexualität aufbricht. Er geht auch in die Lehre, und zwar zu einem Jäger. Auch dies kann als Vermeidungsstrategie gesehen werden, und zwar als eine sehr geschickte: zwar hat er es nun mit den Tieren des Waldes und der Luft zu tun, nicht aber mit dem Wasser. Er lernt, sich im Bereich des vegetativen Unbewußten zu bewegen, er lernt auch, da sehr zielstrebig zu sein, sehr bewußt auch, aber er meidet das, was ihm gefährlich wird.

Vergleichbar dem Geschehen in der Therapie, wo jemand, dem ein Bereich des Unbewußten sehr gefährlich werden kann, weil er ganz davon überwältigt würde, andere Bereiche des Unbewußten kultiviert, dadurch auch eine größere Ichstärke bekommt und allenfalls sich gelegentlich mit dem Bedrohlichen auseinandersetzen kann.
Als er ausgelernt hat, beim Herrn des Dorfes dient, gefällt ihm ein Mädchen, und er nimmt sie zur Frau. Er bekommt auch vom Jäger ein Haus. Die Beziehung zu einer Frau, zum Weiblichen, ist, wenn auch in einem bescheidenen Rahmen (das Haus ist klein) möglich. Die beiden leben ruhig, glücklich und lieben sich von Herzen. Und das ist nun wohl der Zeitpunkt, wo sich die Nixe für diesen Mann zu interessieren beginnt. In dem Moment, wo er jemanden liebt, da brechen seine Emotionen auf, da bricht die Leidenschaft auf, und wenn die Gefahr besteht, daß er verschlungen wird, dann jetzt.
Hirsche und Rehe locken in den Märchen die Helden immer in eine jenseitige Sphäre, dorthin, wo etwas oder jemand angetroffen werden muß, damit eine Wandlung geschehen kann. So ein flüchtendes Reh kann eine Sehnsucht ausdrücken, eine Sehnsucht nach etwas, das man selber noch gar nicht benennen kann, es ist nur ein Gezogensein zu etwas noch Unbekanntem hin. Der Jäger tötet das Reh im Märchen. Es sieht so aus, als würde er diese Sehnsucht töten, und dennoch führt ihn das Reh zur Nixe hin, zum Teich hin, denn er muß das Blut abwaschen. Und da wird er nun von der Nixe umarmt und ins Wasser gezogen.
Als er nicht nach Hause kommt, da ahnt seine Frau etwas, denn auch sie weiß, daß er sich vor den Nachstellungen der Nixe zu hüten hat; sie geht an den Teich, findet die Jagdtasche und weiß natürlich, was geschehen ist. Die Frau hat den Kontakt mit ihrem Mann verloren. Sie ruft, er

antwortet nicht mehr, sie kann ihn nicht mehr erreichen. Von der Odyssee her wissen wir, daß, wer Sirenen gehört hat, wahnsinnig wird. Ob der Jäger psychotisch ist oder ob er depressiv ist, ist schwer auszumachen. Vielleicht ist er auch einer realeren Nixe ins Garn gegangen. Auf jeden Fall kann die Frau ihren Mann nicht mehr ansprechen, die Beziehung ist abgebrochen, seine Sehnsucht gilt nicht mehr ihr.

Auf ein individuelles Schicksal übertragen würde es heißen, daß von einem Mann mit Nixenfaszintion das Faszinosum und die Gefahr, die von einem unbewußten Inhalt im Zusammenhang mit Emotionalität, Körperlichkeit und Liebe einhergeht, lange Zeit in Schach gehalten werden können, dadurch, dass er Vermeidestrategien aufgebaut hat. Aber irgendwann muß der Gegenstand der Angst doch angegangen werden; die Sehnsucht führt uns oft zu jenen Dingen, vor denen wir Angst haben. Und weil das, was die Angst auslöst, ja meistens übermächtig ist – besonders im Bereich der Nixen –, nicht zu durchschauen und mit vernünftigen Kriterien auch nicht angehbar ist, wird man von diesem Angstmachenden einfach überwältigt – und im Falle der Nixe nicht mehr sichtbar für die Welt, nicht mehr ansprechbar, nicht mehr faßbar.

Ein 24jähriger Mann, Student der Wirtschaftswissenschaften, sehr rational, sehr kühl und tüchtig, hat eine solche «Nixen-Anima». In der Realität hat der Mann sehr starke Angst vor Nixen-Frauen. Sie bringen ihm seine ganze Kontrolle durcheinander, er wird überschwemmt von sexuellen und erotischen Wünschen, die diese Frauen dann einlösen oder nicht, ihn aber so oder so in einen Zustand der Verwirrung stürzen. Seine Freundin ist keine Nixe. Wenn aber eine Nixe im Traum auftaucht, dann wird er in erotisch-sexuelle Phantasien gestürzt, zelebriert tagelang diese Phantasien in seiner mit grünen Vorhängen verdunkelten Wohnung und ist für seine Freundin nicht mehr ansprechbar. Sie kann so verzweifelt sein, wie sie will, sie erreicht ihn nicht.

Trägerin des Geschehens wird im Märchen nun die Frau; ich interpretiere deshalb den Fortgang des Märchens auch von der Frau aus. Die Frau ist verzweifelt, bleibt am Ort des Unglücks, drückt die ganze Trauer über die Trennung aus und geht immer um den Teich herum – sie kreist das Problem gleichsam ein. Als sie erschöpft ist, sinkt sie zur Erde, schläft und hat einen Traum. Alle ihre bewußte Anstrengung, ihr Klagen und Jammern bringen ihr den Mann nicht zurück, aber es bringt ihr vermutlich den Traum.

Der Aufstieg im Traum kann als das Überwinden des negativen Aspekts der «Mutter Natur» gedeutet werden, vielleicht sogar vergleichbar der Nixe, nur nicht unter Wasser, die weise Frau als ein gütiger Mutteraspekt, der offenbar bereit ist, ihr zu helfen. Da sie ihr Häuschen so sehr im Grünen hat, auf einer geblümten Wiese, hat sie bestimmt auch mit der Natur zu tun.

Der Traum zeigt an, daß nach einer Phase der Behinderungen, nach Überwinden von Widerwärtigkeiten ein befreites Lebensgefühl sich einstellen wird, ein Gefühl von Hilfe, des Nicht-immer-alles-allein-machen-Müssens, ein Gefühl auch davon, daß die Situation überschaubar wird. Mit anderen Worten: daß die Angst weniger werden wird. Und nun zeigt es sich, dass im Märchen der Unterschied zwischen Traumwelt und realer Welt nicht gemacht wird. Was im Traum gesehen wird, das wird auch gleich unverschlüsselt als Hinweis aufgefaßt, wie das Leben nun weiterzugehen hat. Der mühsame Aufstieg läßt sich mit dem mühsamen Auftauchen des Jägers nachher aus den Fluten vergleichen. Ich meine damit, daß die Frau – von ihren Möglichkeiten aus – das Problem des Verschlungenseins durch den dunklen Naturaspekt zunächst bei sich löst. Es ist für sie einfacher, da sie nicht vom Weiher überspült worden ist. In dem Maße, als sie das Problem bei sich bearbeiten kann, erlöst sie auch ihren Mann, zumindest bis zu einem gewissen Grad. Es ist ja anzunehmen, daß, wenn wir das Märchen als Problem und Problemlösungsweg eines Paares auffassen, beide den gleichen Grundkonflikt haben, hier den Grundkonflikt dieses Bedrohtseins durch die Nixe, durch die bezaubernde, verschlingende, wuchernde Naturhaftigkeit, die vom Leben wegziehen kann. Wenn die Nixe eine solche Gefahr ist für den Mann, dann hat er vermutlich eine Frau geheiratet, die dieses Nixenhafte, dieses so ganz Naturhafte auch an sich hat, es vermutlich aber ganz und gar verdrängt.

Ein Fallbeispiel dazu: Ein Ehepaar um die 40 suchte die Therapie auf. Der Mann sprach von der ungeheuren Faszination durch nixenhafte Frauen. Sie zogen ihn jeweils total von der Realität ab, Beziehung war nicht eigentlich möglich, aber ein Versinken in ein orgiastisches Erleben. Er heiratete eine Frau, die ihm das Gegenteil einer Nixe zu sein schien: brav, zuverlässig, sich ihrer Verführungskraft überhaupt nicht bewußt, für ihn, da sehr einfühlend, eine Anti-Nixe, könnte man sagen, so sehr Anti-Nixe, daß man auch schon wieder hellhörig wird. Eines Tages verliebte sich der Mann Hals über Kopf wieder einmal in eine «nixenhafte» Frau – es war ihm schrecklich, und es war ihr schrecklich. Sie kamen daraufhin in Therapie und fragten, was denn zu machen sei. Die Träume der Frauen stießen sie sehr bald auf ihre eigenen nixenhaften Seiten, die sie zu ihrer großen Verblüffung ohne weiteres entwickeln konnte. Die beiden arbeiteten zudem sehr intensiv an der Entwicklung von brachliegenden Seiten und konnten so das Problem lösen.

Der Aufstieg zur Frau mit den weißen Haaren im Märchen scheint mir der Aufstieg zum «hellen» Weiblichen zu sein, der Ort, wo sie wohnt, macht auch einen so geordneten Eindruck, und um Ordnung machen geht es dann auch im folgenden.

Die Alte ist sehr einfühlend, zu ihr kommt man, wenn man ein Unglück erlebt hat; sie steht da für eine Mutter, bei der man Rat sucht – nur eben nicht als persönliche Mutter, sondern als archetypische. Auf ein individuelles Schicksal übertragen würde das heißen: Nachdem das Unglück emotional erfaßt ist, nachdem sie das Unglück vielleicht nicht verstanden hat, jetzt aber versteht, daß es so absolut nicht mehr weitergehen kann, und daß sie aber auch aus eigenem Antrieb nichts tun kann, daß dann, nachdem sie Trauerarbeit geleistet hat, zum Beispiel ein Traum, eine Ahnung oder eine Begegnung mit einem Menschen sie auf die Ideen bringt, was zu tun ist.

Das Märchen stellt hier dar: wenn ein Aspekt eines archetypischen Geschehens – hier die Nixe in einem rein verschlingenden Aspekt – gewirkt hat und diese Wirkung emotional aufgenommen worden ist, wie sich der positive Aspekt desselben Archetyps konstelliert und den Weg angibt, wie man aus der Situation sich herausentwickeln kann. Voraussetzung ist natürlich diese emotionale Offenheit, die die Frau hier im Märchen hat. Sie ist offen für Ahnungen, für Träume, für das Irrationale auch im positiven Sinne.

Es ist eine der Grunderfahrungen und Grundüberzeugungen Jungscher Psychologie, daß in der Psyche der Gegensatz zur aktuellen Schwierigkeit, wenn man diese erkennt und erleidet, zu konstellieren beginnt, daß also, wenn man der Erfahrung des negativen Aspekts nicht aus dem Wege geht, der positive Aspekt sich bemerkbar machen wird. Wenn eine Frau in einer solchen Situation Träume dieser Art hätte, würden wir sie aufmuntern, in einer aktiven Imagination Kontakt aufzunehmen mit dieser weisen Frau (als einem weisen, weiblichen Aspekt ihrer Psyche), die weiß, wie es weitergehen soll. Man würde die Frau ermuntern, sich den Rat dieser «inneren» Frau zu holen.

Die Frau im Märchen ist hier offenbar die, die im Umgang mit dem eigenen nixenhaften Wesen weniger Probleme haben dürfte als der Mann, deshalb leistet sie auch den Entwicklungsschritt. Die erste Anweisung ist das Kämmen mit dem goldenen Kamm. Bei Vollmond soll sie ihr langes, schwarzes Haar kämmen. Wir wissen von den Nixen, daß das ein erotisches Anlockungsmittel ist, das sie immer benutzen. Sie kämmen sich ihr langes, goldenes oder schwarzes Haar. Kämmen hat aber auch den Aspekt, Ordnung in die Haare hineinzubringen. Indem die Frau sich bei Vollmond kämmt, übernimmt sie bewußt etwas, was die Nixe tut, man könnte sagen, daß sie sich bewußt wird über ihre Art des erotischen Verführens, also bewußt etwas Nixe wird. Das bringt es mit sich, daß auch der Kopf des Jägers aus den Fluten taucht. Der Mann beginnt, als Person wieder sichtbar zu werden.

Der Mann schaut seine Frau traurig an – und die Frau kehrt trostlos zurück. Und der Traum zeigt wieder die alte Frau. Wieder muß die Frau warten, bis der Vollmond kommt und dann ein Lied auf einer Flöte blasen, und die Flöte wieder hinlegen. Auch die Flöte ist ein Attribut der Nixen, mit denen sie die Männer verführen. Mit den sanften, klagenden Tönen wecken sie die Sehnsucht der Männer, die Emotionen, die Gefühle. In diesen Flötentönen klingt auch etwas «Jenseitiges» mit und weckt die Sehnsucht nach dem Ewigen. Indem die Frau das Lied spielt, verführt sie sozusagen den Mann zurück aus dem Reich der Nixe. So wird er denn auch sichtbar bis zur Hälfte des Leibes. Der Gram erfüllt aber von neuem ihr Herz: Was soll es, daß sie ihren Liebsten zwar immer wieder ansehen kann, daß sie aber nicht zusammenkommen können?

Beim nächsten Vollmond soll sie mit einem Spinnrad ans Wasser sich begeben und eine Spule voll spinnen. Spinnen tun die großen Muttergottheiten, sie spinnen den Schicksalsfaden, und Spinnen ist ganz bestimmt keine Tätigkeit der Nixen. Sie ist sogar ziemlich entgegengesetzt: von den Nixen hat man das Gefühl, daß bei denen alles ungeordnet ist, chaotisch; spinnen würde heißen, aus Chaos eine Ordnung zu machen, einen Faden, dem man folgen kann, um aus dieser chaotischen, emotionalen und triebhaften Situation herauszukommen. Spinnen kann aber auch heißen, phantasieren. Wir sprechen ja davon, daß man etwas zusammenspinnt. Und alle sehr gleichmäßigen Arbeiten regen uns an, unseren Phantasien nachzugehen. Wenn die Frau nun beim Vollmond am Wasser spinnt, dann könnte es bedeuten, daß sie sich Phantasien macht über das gemeinsame Leben miteinander, in dem sie ihren Mann eben wieder als Mann sieht. Phantasien über Menschen können diese beeinflussen: Wenn wir jemandem positive Projektionen zufließen lassen, dann kann das helfen, das Destruktive in der Beziehung zu überwinden. Wenn wir jemandem auch etwas Positives zutrauen, wenn wir einem Manne zutrauen, daß er sich aus Faszination durch so eine Nixe befreien kann, dann kann ihm das Auftrieb geben – vor allem aber verändert sich die Paardynamik. Das muß man aber *können!*

Im Märchen jedenfalls hilft es: der Mann kann aus dem Wasser kommen, die beiden können wieder als Menschen

miteinander fliehen. Die Tatsache, daß die beiden aber noch fliehen müssen, bedeutet, daß immer noch Gefahr besteht – und der Weiher überflutet dann auch gleich alles: es findet eine große Regression statt; vermutlich im Moment, wo die beiden körperlich sich wieder haben, kommt der ganze Nixenbereich wieder über sie. Jetzt sind beide im Nixenbereich. Und die Hilfe der Alten ist schon bemerkenswert. Daß diese Alte immer da ist, um zu helfen, kann nun bewirken, daß sie in eine Kröte verwandelt wird, er in einen Frosch. Kröte und Frosch sind die Tiere des Wassers und des Landes, sind sind also Tiere des Übergangs, sind, wegen der vielen Wandlungsstufen, die sie durchmachen, auch Symbol für Wandlung. In ihnen kündigt sich an, daß Wandlung doch noch möglich ist; aber wenn sich Mann und Frau nur als Kröte und Frosch begegnen können, dann ist das eine rein sexuelle Begegnung, die Individualität spielt überhaupt keine Rolle. Und so verlieren sie sich denn auch aus den Augen, nachdem das Wasser vertrocknet ist.
Jeder muß nun für sich einen Entwicklungsweg machen, jahrelang Schafe hüten, jahrelang Trauer und Sehnsucht ertragen. Sie verlieren sich aus den Augen. Dies kann verstanden werden als große Entfremdung, die zwischen ihnen eingetreten ist, dadurch, daß sie sich nur als Gattungswesen sozusagen liebten und die Sehnsucht nach dem Menschlichen und auch nach dem geistigen Aspekt der Liebe unbeantwortet blieb, so daß sich jeder in sich zurückzieht, Sehnsucht und Trauer aushält und Schafe hütet: eine Arbeit der Konzentration, des Zusammenhaltens, die sowohl äußerlich als auch innerlich zur Sammlung führt. Im Gegensatz zur entgrenzenden Emotionalität, die durch die Nixe ausgelöst wird. Überhaupt scheint mir, wird nun der der Nixenwelt polar entgegengesetzte Emotionsbereich

kultiviert: die Sehnsucht in der Stille, die Bezogenheit auf sich selbst, die Besinnung. Aber alle diese Aspekte gehören zur Emotionalität, und wer die «laute» Emotion propagiert und lebt, wird irgendwann auch die «leise» Emotion kultivieren müssen. Als Beispiel können etwa Vertreter der sogenannten 68er-Generation gelten, die damals die «laute» Emotion propagierten und lebten, und von denen viele heute Anhänger der Meditation sind.
Und dann bricht der Frühling aus: wir können annehmen, daß da auch das Leben neu aus der Erde herausbricht, daß Eros wieder möglich wird – und die beiden treffen sich auch, ohne sich zu kennen, aber eine Annäherung findet statt. Und als der Vollmond wieder scheint – der Mond ist ein Symbol für den Rhythmus alles natürlichen Lebens, in diesem Märchen sicher auch im Zusammenhang zu sehen mit dem Erlebnis des Weiblichen, wobei der Vollmond dann die Phase wäre, wo der positive Aspekt des Weiblichen am meisten zum Tragen kommt –, da spielt der Mann die Flöte, da kann er die Gefühle zeigen und ausdrücken, die ganze Skala der Gefühle, und dadurch werden auch die Gefühle der Frau angesprochen: sie weint. Und jetzt erkennen sie sich wirklich, die Beziehung zwischen den beiden kann nun eine ganzheitliche sein, sie werden nicht mehr nur von der triebhaften Seite weggeschwemmt werden, nun sind die feinen emotionalen, geistigen Seiten auch in ihrer Beziehung.
Betrachten wir das Märchen nochmals unter dem Aspekt Angst und Anstverarbeitung: Dieses Märchen steht von Anfang an unter der Bedrohung durch die Nixe, einer naturhaften, verschlingenden, sehnsüchtigen, wegziehenden Beziehung zum Weiblichen und damit auch zur Sexualität. Zunächst kann die Angst abgewehrt werden durch Vermeidung der Gefahr, dann durch Entwickeln von Per-

sönlichkeitsaspekten, die mit der Gefahr nicht unmittelbar in Zusammenhang stehen. Im Moment, wo die Beziehung zwischen den Geschlechtern aktuell wird, wird diese Nixenbedrohung Realität. Hatte zuvor der Mann die Angst, hat nun die Frau die Angst, weil Beziehung überhaupt nicht mehr möglich ist. Dadurch, daß sie auch ihre Nixenseiten entwickelt, entreißt sie ihn der Nixenfaszination. Über lange Wege der Konzentration auf sich, auf Sehnsucht und Trauer, kann die Beziehung eine gelungene werden und die Angst vor der Nixe und vor der wegziehenden Sehnsucht verschwinden.
Mir scheint dabei wichtig zu sein, daß zwar, wenn wir das Märchen als Paarprozeßillustrierung ansehen, die Frau durch ihre Entwicklung dem Manne aus einer Verstricktheit heraushilft, daß ihm die Entwicklung aber nicht einfach abgenommen werden kann, sondern daß sich beide auch unabhängig voneinander (durch Schafehüten) entwickeln müssen. Natürlich könnte man den beschriebenen Paarprozeß auch auf der Ebene «Anima-Ich» des Jägers interpretieren.

SYMBIOSE UND IHRE BEWÄLTIGUNG IM MÄRCHEN

EINFÜHRUNG

Unter Symbiose verstehe ich das Verschmelzen eines Menschen mit einem andern Menschen, einer Gruppe, einem Land usw., das so weit gehen kann, daß alles Trennende aufgehoben zu sein scheint. Der, der in der Symbiose lebt, fühlt sich aufgehoben in etwas, das ihm Schutz und Geborgenheit gibt und ihm die Qual des ewigen Entscheidens abnimmt. Es ist aber keine ruhige Geborgenheit, es ist eine Geborgenheit, die immer wieder ängstlich aufrechterhalten werden muß – meist um den Preis der totalen Anpassung –, denn der symbiotisch Gebundene hat große Angst, daß diese «Beziehung», die den Namen «Beziehung» nicht verdient, denn zu einer Beziehung gehören zwei sich voneinander unterscheidende Menschen, zerfällt. Er kann als einzelner aber nicht existieren, ja die symbiotsche Beziehung wurde gerade aufgebaut aus der Angst vor dem Alleinsein, vor dem immer wieder Sichtrennenmüssen.
Symbiose ist ursprünglich ein biologischer Begriff und meint eine enge funktionale Beziehung zwischen zwei Organismen, zu beiderseitigem Nutzen. Der Nutzen für den symbiotisch Gebundenen besteht darin, daß er sich aufgehoben weiß, daß er sich geschützt weiß in seiner Hilflosigkeit, daß er sich nicht mehr entscheiden muß, daß er kein Risiko auf sich nehmen muß. Der Nutzen für den «Wirt» besteht darin, daß dieser enorm aufgewertet wird: er erfährt eine narzißtische Ausweitung durch den symbiotisch Gebundenen. Es geht dabei aber nicht so sehr um Abhän-

gigkeit – sondern um Nichtgetrenntsein voneinander: der symbiotisch Gebundene kann seinem «Partner» durchaus auch überlegen sein – aber er kann nicht trennen zwischen sich und dem andern. Er kann nicht feststellen, welche Wünsche nun seine Wünsche sind, welches die Wünsche des andern sind. Er kann nicht trennen zwischen seinem Ich und dem Ich des andern.

Wie kann Symbiose erlebt werden? Eine etwa 25jährige Frau beschreibt ihre Beziehung zu einer etwa zehn Jahre älteren Freundin: Ich weiß nicht mehr, ob *ich* etwas denke, oder ob *sie* etwas denkt. Ich kaufe mir die gleichen Kleider, die sie trägt. Ich weiß, daß sie mir nicht stehen, aber in dem Moment, in dem ich Kleider ansehe, interessieren mich andere Kleider überhaupt nicht. Ich habe das Studienfach gewechselt – ich bin ganz verzweifelt, ich weiß nicht mehr, ob mein Interesse mein Interesse ist oder ihres. Wenn ich weg von ihr bin, dann fühle ich mich vollkommen hilflos, ich habe das Gefühl, bei jedem Anspruch von außen sofort in tausend Stücke zu zerfallen, wenn ich bei ihr bin, dann fühle ich mich sicher. Sie weiß das, aber sie kann mich tyrannisieren, so oft sie will, ich halte alles aus. Allein sein ist nicht mehr ertragbar, und mit ihr sein ist auch nicht ertragbar, zumal sie mich eigentlich gar nicht mehr bei sich haben will.

Diese Beschreibung empfinde ich als eine Beschreibung einer sehr symbiotischen Beziehung, wobei der schöne Aspekt der Symbiose, das Aufgehobensein, die Allmacht durch Verschmelzen kaum mehr erlebt wird, da diese Frau vor der Notwendigkeit steht, sich abzulösen. Das ist der Grund, weshalb sie Hilfe suchte. Immerhin sagt sie, daß sie sich sicher fühlt, wenn sie bei dieser Frau ist, und daß sie das Gefühl hat, in tausend Stücke zu zerspringen, wenn sie nicht bei ihr ist. Hier wird sichtbar, wie sehr die Symbiose helfen soll, die drohende Fragmentierung zu verhindern. Weiter wird klar, wie sehr das Ich dieser Frau verschwimmt mit dem Ich ihrer Freundin, das Zerfließen der Grenzen wird angstvoll erlebt, kann aber gleichzeitig beobachtet und beschrieben werden.

Symbiose kann aber auch sehr anders erlebt werden. Ein 30jähriger Mann beschreibt seine Beziehung zur Natur: Wenn ich mich auf den Waldboden legen kann, im Frühling, dann fühle ich, wie die ganze Kraft der Natur durch mich pulsiert, und wenn es mir nur gelingt, nahe genug da zu liegen und zu spüren, was in mir vorgeht, dann fühle ich, wie ungeahnte Kräfte in mir aufbrechen, ich bin nicht mehr nur Ich, ich bin die ganze Natur, ich bin die ganze Schöpfungskraft, ich bin überall und voll Kraft. Die Sonne durchdringt mich, der Duft des Waldbodens durchdringt mich, ich könnte schreien vor Wonne, vor Lust. Meine Haut wird mir zu eng – ich muß mich geistig ausdehnen, verschwimmen mit meiner Umgebung. Es ist ein wunderbares Lebensgefühl. Ich werde süchtig nach diesem Lebensgefühl. Nichts in meinem Leben hat eine solche Intensität. Sexualität ist schal gegen dieses Erleben. Warum kann es nicht immer Frühling sein?

Hier wird nun eine ganz andere Form von Symbiose beschrieben, eine Symbiose, die Kraft gibt – zumindest für den Moment –, der junge Mann suchte die Therapie auf, weil er unter «unerklärlichen» Erschöpfungszuständen litt. Aber dieses symbiotische Erleben hält ihn gefangen, er findet den Weg zu den Menschen, zum Normalmenschlichen nicht. Er will mit der Natur verschmelzen, besonders mit der aufbrechenden Kraft des Frühlings – und wenn das nicht gelingt, versinkt er in Apathie.

Zum Abschluß möchte ich noch einen symbiotischen Traum schildern. Der Träumer, ein 23jähriger junger

Mann, ist Student und wechselt jedes Semester seine Studienrichtung. Hier nun einer seiner für ihn erschreckendsten und zugleich erhellendsten Träume: Ich bin auf der Universitätsstraße, zusammen mit Studienkollegen. Die andern sprechen über eine Vorlesung; ich gebe mir sehr Mühe, auch etwas zu verstehen, aber ich verstehe nicht, wovon sie sprechen. Max, ein Kollege, fragt mich, warum ich mich so langsam bewege. Mir ist gar nicht bewußt, daß ich langsamer bin als die andern. Aber Max bleibt plötzlich stehen und sagt zu allen: Jetzt schaut euch das einmal an, Fredi (der Träumer) ist mit seinem Vater zusammengewachsen, wie ein junger und ein alter Apfel. Ich spüre, daß mein Rücken nicht frei ist, sondern daß ich an meinem Rücken wirklich mit einem Menschen zusammengewachsen bin. Das gibt ein warmes Gefühl, aber ich kann mich wirklich nicht sehr gut bewegen. Mir ist es furchtbar peinlich, daß alle Kollegen das sehen, aber ich kann mich nicht ablösen, wir sind ganz fest verwachsen. Meine Kollegen diskutieren darüber, wen man am besten mit der Operation beauftragen könnte. Sie meinen, eine Trennung sei unumgänglich.

Dieser Traum spricht für sich: Das Verwachsensein mit dem Vater, es dürfte ihm einerseits den Rücken stärken, es ist aber auch der Grund dafür, daß er nicht so beweglich ist. Peinlich ist es ihm erst in dem Moment, als die Kollegen es sehen und auf die Notwendigkeit der Trennung hinweisen. Der Träumer selbst ist sehr inaktiv, außer daß er sich der Situation langsam bewußt zu werden scheint. Aber etwas in ihm – die Kollegen – weiß, was zu tun ist. Trennung ist nötig.

Das Problem der Symbiose ist ein altes psychologisches Problem. So spricht denn Jung in diesem Zusammenhang (13) von «participation mystique», ein Begriff, den er von

Lévy-Bruhl übernommen hat und von dem er sagt: «Was er (der Begriff ‹participation mystique›) bezeichnete, ist einfach der unbestimmt große Rest von *Ununterschiedenheit zwischen Subjekt und Objekt,* der bei Primitiven noch solche Dimensionen besitzt, daß er dem europäischen Bewußtseinsmenschen unbedingt auffallen muß. Insofern der Unterschied zwischen Subjekt und Objekt nicht bewußt wird, herrscht unbewußte Identität... Dann benehmen sich Tiere und Pflanzen wie Menschen... Der Kulturmensch glaubt sich natürlich himmelweit erhaben über diese Dinge. Aber er ist dafür oft für sein ganzes Leben mit den Eltern identisch; er ist identisch mit seine Affekten und Vorurteilen und behauptet schamlos vom andern, was er bei sich selber nicht sehen will.»

Jung betrachtet es als größte therapeutische Wirkung, wenn diese participation mystique aufgelöst werden kann (ebd.). Die Auflösung der participation mystique oder dieser Identität von Subjekt und Objekt oder der Symbiose, die meistens natürlich nicht total ist, erfolgt nach Jung in der *Individuation.* Individuation verstanden als «Differenzierungsprozeß, der die Entwicklung der individuellen Persönlichkeit zum Ziele hat.» (14)

Der Weg aus der Symbiose würde also nach Jung darin bestehen, daß man über «Bewußtwerden» zu seiner Identität findet. Dies wäre aber ein Prozeß, der das ganze Leben lang immer weiter zu vollziehen ist.

Ich ziehe es vor, von Symbiose zu sprechen und nicht von «participation mystique» oder von «Identität von Subjekt und Objekt», weil ich meine, daß mit dem Begriff der Symbiose anschaulicher zum Ausdruck kommt, daß es um eine Art der Unbewußtheit geht, die sich in den zwischenmenschlichen Beziehungen ausdrückt und dort Schwierigkeiten schafft. Ich sehe Symbiose also als eine *Beziehungsform.*

Symbiose und Individuation – das ist das Thema auch der Forschungen von Margret S. Mahler und ihren Mitarbeitern.
Mahler beschreibt immer wieder die Phase der «normalen» Symbiose des Säuglings, etwa vom zweiten Lebensmonat an, in der der Säugling sich so verhält, wie wenn er und die Mutter «ein allmächtiges System darstellten – eine Zweiheit innerhalb einer gemeinsamen Grenze». (15) Dieser Symbiosephase des Säuglings folgt die Loslösephase, innerhalb derer wieder eine Annäherung erfolgt. Was Mahler für den Säugling beschreibt, scheint mir ein allgemeingültiger Lebensrhythmus zu sein: den Phasen von vermehrtem Symbiosestreben folgen immer wieder Phasen der Loslösung und der Individuation, wobei Loslösung das Auftauchen aus der Verschmelzung meint und Individuation gewonnene Haltungen, die zeigen, daß individuelle Merkmale als solche angenommen sind. (16) Innerhalb der Loslösephase findet oft auch eine Phase der Wiederannäherung statt, als müßte man sich versichern, daß es immer auch noch einen Weg zurück gibt. Und auf einer neuen Ebene besteht das Bedürfnis nach Symbiose wieder, und diese sollte gelebt werden dürfen – eine optimale Symbiose als Voraussetzung für Loslösung und Individuation –, und dies nicht nur im Säuglingsalter. Mein Thema ist nun aber nicht die optimale Symbiose, sondern «Wege aus der Symbiose».
Die Ermunterung zur optimalen Symbiose gehört insofern allerdings auch zum Thema, als die Wege aus der Symbiose leichter zu finden sind, wenn die symbiotischen Bedürfnisse zugelassen und erlebt werden dürfen. Schon beim Kleinkind gilt ja, daß eine optimale Symbiose eine Voraussetzung für eine optimale Ablösung und Individuation ist. Dann meine ich auch, daß man «Bewältigung der Sym-

biose» leicht dahin verstehen könnte, Symbiose sei etwas, das um jeden Preis überwunden werden müßte. Das ist natürlich nicht so. Wenn ich über «Wege aus der Symbiose» sprechen will, dann darum, weil diese Wege manchmal nicht gefunden werden, weil man sich in der Symbiose «versitzt», weil die Phase der Symbiose zu lange anhält – oder überhaupt nicht in die Phase der Loslösung übergeführt werden kann. Damit verbunden sind dann die psychischen Schwierigkeiten, mit denen wir es in unserer therapeutischen Praxis zu tun haben: Entwicklungshemmungen, Identitätsprobleme, Mangel an Kreativität, Depressionen, suizidale Tendenzen, Sucht. Bei extrem regressiven symbiotischen Tendenzen kann der Wunsch bestehen, in den Mutterleib zurückzukehren oder einfach zu sterben. Das kann sich in Suizidtendenzen äußern oder auch in psychosomatischen Problemen.
Symbiose und Tod haben einiges gemeinsam miteinander. Unsere kollektiven Jenseitsbilder sind sehr geprägt von unseren Symbiosebedürfnissen, denken wir etwa an die Vorstellung eines Paradieses, aber auch an Ausdrücke wie: «eingehen in die ewige Herrlichkeit», «von einem größeren Ganzen aufgenommen werden» und dann «aufgehoben sein», «Ruhe haben». Unsere Phantasien über das, was nach dem Tod ist – so verschieden sie im einzelnen auch sein mögen –, tendieren immer auf eine Symbiose hin, in der die vereinzelte Existenz, die wir auf Erden sind, aufgehoben sein wird. Die einen fürchten das, die andern ersehnen es sich, wieder andere bauen sich die Phantasie so, daß die Vereinzelung eben doch nicht ganz aufgehoben ist. Tod und Symbiose haben aber auch insofern einen Zusammenhang, als die Symbiose immer gegen die Veränderung des Lebens gesucht wird: die Angst vor der ständigen Veränderung, vor dem ständigen Abschiednehmenmüssen, vor

dem ständigen Sterbenmüssen läßt uns das Bleibende suchen, das wir dann *zu* bleibend haben wollen – es läßt uns die Symbiose suchen.

So kann man bei jeder Form von zu lange anhaltender Symbiose fragen, gegen welche Entwicklung sich ein Mensch sperrt. Es gibt eine Form der Symbiose, die bewirkt, daß der Mensch den Anforderungen des Lebens überhaupt nicht mehr gerecht werden kann, denn Leben verlangt von uns, daß wir immer wieder wiedergeboren werden, daß wir Neues wagen, uns immer wieder entscheiden und dabei entdecken, was wirklich zu uns gehört. Ich möchte einen geradezu tödlichen Aspekt der Symbiose an einem Märchen zeigen. Ich halte das Bedürfnis nach Symbiose, die Gefahr des zu lange Verharrens in der Symbiose, und die Notwendigkeit, sich zu lösen und zu individuieren, für ein typisch menschliches Problem – und ich meine, daß wir in den Märchen für die Lösung dieses Problems auch Modelle haben. Als ich Märchen suchte, die den Weg aus der Symbiose beschreiben, fiel mir auf, wie viele Märchen auch zeigen, wie ein «Held» in seinen symbiotischen Bedürfnissen steckenbleibt. Als Beispiel dafür möchte ich das finnische Märchen «Die Ehegatten» anführen: (17)

Es waren einmal ein Mann und eine Frau, die lebten in Frieden und Eintracht miteinander und hatten sich so gern, wie es besser nicht möglich war. Als sie so lebten, redeten sie einmal miteinander, und der Mann sagte zu der Frau: «Wenn ich sterbe, wirst du dir einen anderen Mann nehmen.» Und die Frau sagte darauf: «Und du nimmst dir sicher eine andere Frau, du bleibst nicht ledig.» Aber einer glaubte dem anderen nicht. Dann machten sie miteinander aus, daß weder er noch sie wieder heiraten wollten. Da starb die Frau. Erst lebte der Mann eine Weile ohne Frau, weil er überhaupt nicht wieder heiraten wollte. Als aber eine Zeit vergangen war, dachte er: ‹Was soll ich um sie trauern? Ich heirate wieder.› Und er nahm sich eine Frau. Schon wollte er

sie zur Trauung führen, da fiel ihm ein: ‹Ach, ich will doch zu meiner Frau gehen und ihr Lebewohl sagen, die Tote um Verzeihung bitten.› Er ging hin und verbeugte sich am Grabe: «Verzeih mir! Ich gehe zur Trauung, ich heirate wieder.» Da öffnete sich das Grab – die Braut war bei der Kirche stehengeblieben, während der Mann seine verstorbene Frau besuchte –, da öffnete sich das Grab, und sie rief ihn zu sich: «Komm, komm, fürchte dich nicht, komm hierher!» Sie rief ihn ins Grab und sagte zu ihm: «Weißt du nicht, daß wir uns versprochen hatten, daß der nicht wieder heiraten sollte, der übrigbliebe?» Und sie forderte ihn auf, auf dem Sarge zu sitzen. «Trinkst du Wein?» sagte die Frau im Grabe zu ihm. Und sie gab ihm einen Becher, und der Mann trank. Dann wollte er fortgehen. Aber sie bat: «Bleib noch hier und laß uns vertraulich plaudern!» Sie goß ihm einen zweiten Becher ein, und der Mann trank wieder. Dann stand er wieder auf und wollte gehen, aber wieder sagte sie: «Laß uns noch plaudern!» Und der Mann blieb und plauderte. – Zu Hause hielten sie eine Andacht, weil sie glaubten, der Mann sei gestorben. Die Braut wartete und wartete und ging schließlich zu ihren Eltern zurück. – Und sie gab ihm den dritten Becher, und immer noch bat sie ihn zu bleiben. Endlich ließ sie ihn fort: «Geh nun hin!» sagte sie.
Da ging der Mann fort. Er kam zur Kirche, aber da war kein Pfarrer mehr, nichts mehr – und er selbst war grau wie ein alter Wiedehopf, weil er dreißig Jahre im Grabe gewesen war.

Wir haben es in diesem Märchen mit einem Ehepaar zu tun, das so sehr in Frieden und Eintracht lebt und sich so lieb hat, daß ihr einziges Problem ist, daß dieser Friede und diese Eintracht nicht ewig halten können. Die Situation, die so schön ist und so frei von allen Aggressionen, darf nicht verändert werden, auch nicht, wenn der Tod hereinbricht – *die* Veränderung des Lebens überhaupt. Diese Ausgangssituation scheint mir eine typisch symbiotische Situation zu sein: Die Situation soll sich nicht verändern, die Aggression, die für Distanz und damit für Veränderung sorgen würde, scheint bei den beiden total ausgesperrt zu sein. Sie äußert sich aber in den Todesphantasien der bei-

den. Und jetzt stirbt die Frau wirklich. Die Symbiose wird – durch höhere Gewalt – zerbrochen. Die Loslösung der beiden wird erzwungen. Der Mann trauert, wie es zu jeder Loslösung gehört, insbesondere, wenn ein solches Paradies verloren geht, und nach einiger Zeit will er eine neue Frau nehmen – das Leben kann, wenn auch in veränderter Form, wieder weitergehen. Dabei kann nun diese Frau, die da gestorben ist, wirklich für eine Frau stehen, die gestorben ist, oder sie kann für einen sehr wesentlichen, einzigen Lebensinhalt stehen, der aus irgend einem Grunde seine Lebendigkeit eingebüßt hat. Der Weg aus der Symbiose, wie er hier dargestellt ist, ist einer der möglichen Wege: Der Gegenstand des symbiotischen Strebens wird einem entrissen, der Zurücklgebliebene trauert, und nach einer gewissen Zeit wendet er sein Interesse etwas Neuem zu.
Wie diese neue Frau ihm nun aber wirklich angetraut werden soll, wie die Verbindung mit dem Neuen wirklich ganz ernst werden soll, will er nochmals seiner alten Frau Lebewohl sagen – und sie um Verzeihung bitten. Dabei verläßt er natürlich seine neue Frau, die ja in der Kirche darauf wartet, ihm angetraut zu werden. Seine symbiotische Beziehung hat ihre Kraft noch nicht verloren, er erleidet einen Rückfall. Auch die Tatsache, daß er um Verzeihung bitten muß, weist darauf hin, daß er seiner alten Frau gegenüber Schuldgefühle hat, daß er es noch nicht fertig bringt, das zu tun, was er möchte. Die Verstorbene ist aber auch noch sehr aktiv: Ihr Grab öffnet sich – sie ruft ihn zu sich, erinnert ihn an das Versprechen... Die Symbiose ist wieder hergestellt – zwar möchte der Mann immer wieder gehen, aber die Frau hält ihn zurück. Der Rückfall ins Grab – bei Wein und vertraulichem Geplauder!
Der Sog in die alte Situation zurück ist enorm stark. Es ist ein Gesetz in Märchen und in alten Mythen, daß man von

den Toten keine Nahrung und kein Getränk annehmen darf, weil man sonst bei ihnen bleiben muß. Ein berühmtes mythologisches Beispiel dafür ist Persephone, die von Hades, dem Unterweltsgott, ihrer Mutter Demeter gestohlen worden ist. Die Götter entscheiden, daß sie zu ihrer Mutter zurückkehren kann, wenn sie in der Unterwelt noch nichts gegessen hat. Aber sie hat Kerne des Granatapfels gegessen, und so muß sie die Hälfte des Jahres in der Unterwelt verbringen.

Die Toten aber scheinen, wie hier in unserem Märchen, die Gesellschaft der Lebenden zu suchen. Damit ist wohl der unheimliche Sog der tiefen Regression dargestellt. In unserem Märchen erhält der Gatte Wein. Wein galt lange Zeit als das Getränk der Götter. Im Dionysos-Kult soll Wein die Unsterblichkeit bringen; der Wein symbolisiert daher auch jene Kraft des Geistes, der die Erdenschwere überwindet. Die Erdenschwere überwinden kann natürlich auch bedeuten, daß damit die ganze Realität nicht mehr gesehen wird. Dennoch muß hier gesehen werden, daß das Gespräch vertraut war (es bleibt im Vertrauten), daß es wohl eine inspirierende Wirkung hatte – aber es bleibt innerhalb eines Grabes. Ich denke in diesem Zusammenhang etwa an einen Menschen, der über eine sehr lange Zeit Gespräche führt mit Verstorbenen – und für die übrige Welt auch gestorben ist. Erich Fromm würde in diesem Zusammenhang wohl seine Bestimmung «nekrophil» (18) angewandt haben, als Liebe zum Toten, statt daß der Lebendige seine Beziehung zum Lebendigen pflegt. Aber das Problem ist nicht die *Beziehung* zum Toten, sondern die *Art* der Beziehung. Wir müssen uns mit unseren Toten auseinandersetzen, aber wir dürfen uns nicht *nur* mit unseren Toten auseinandersetzen. Es darf nicht zu einem Kult werden, der uns vom Leben abschließt.

In unserem Märchen bleiben die Ehegatten miteinander im Grab – der noch lebende Partner ist also mit im Grab und abgeschlossen von den Lebenden. Die Verwandten halten ihn dann auch für tot.
Eine solche Situation findet man häufig bei Partnern oder Angehörigen von Menschen, die den Freitod wählten. Diese Angehörigen beschäftigen sich immerzu mit diesem «nicht notwendigen» Tod, suchen Schuld, finden sie natürlich auch, und kennen keinen andern Gedanken mehr als den Gedanken an diesen Toten und an alles Versäumte, das damit verbunden ist. Für die Welt außerhalb dieses Grabes sind sie verloren, und daher können sie ihr Schuldproblem auch nie aus einer andern Perspektive sehen, etwa sehen, daß Menschen schuldig werden müssen, daß wir einander immer etwas schuldig bleiben usw.
Das Grab ist ein Ort, den wir auch mit der Todesmutter gleichsetzen, oder wir sagen, daß der Mensch zur Erde – zur Mutter Erde – zurückgekehrt ist, und daß in diesem Grab eine Verwandlung stattfinden kann. Aber in unserem Märchen kann die Verwandlung nicht stattfinden: Die Tote kann nicht wirklich tot sein, also das, was vorbei ist, kann nicht wirklich vorbei sein, und der, der lebt, kann nicht weggehen – er macht es sich gemütlich, und das Gespräch ist vertraulich... Ihm fehlt auch hier die Aggression, Aggression nicht im destruktiven Sinne, sondern im Sinne des entschiedenen Handelns; und so versitzt er seine Jahre im Grabe.
Mit andern Worten: er hat nicht gelebt. Ein Ausspruch, den wir in der therapeutischen Praxis sehr oft zu hören bekommen, gerade auch im Zusammenhang mit einer Symbioseproblematik: Ich habe mein Leben nicht gelebt..., ich habe immer getan, was die andern wollten...
In unserem Märchen haben wir einen Mann, der lebt, als

wäre er schon gestorben. Statt Abschied zu nehmen, wirklich Abschied zu nehmen, zu verlassen, zerstört er sein eigenes Leben. Wir kennen Lebensgeschichten, die diesem Märchen fatal gleichen: Den Partner, der nicht mehr wagt zu heiraten, aus sogenannten «Treuegefühlen» dem verstorbenen Partner gegenüber. Oder den Partner, der zwar durchaus wieder heiratet, von seinem neuen Partner aber verlangt, daß er aufs Haar dem alten gleiche, dessen Fotografie jeden Winkel des Hauses noch ziert. Ich glaube aber, daß sich das Märchen als Modell auch auf weitere Bereiche anwenden läßt: Etwa auf alles symbiotische Beharren bei Menschen, Gruppen, Gegenständen, auch wenn diese bereits «tot» sind; oder wenn die verdrängte Aggression, die die Symbiose gesprengt hätte, den Gegenstand der Symbiose «getötet» hat. Das symbiotische Beharren bietet natürlich Abgeschirmtheit; kein Mensch suchte den Mann in seinem Grab – er konnte da seine Ruhe haben –, aber er war lebendig begraben.

In diesem Märchen der «Ehegatten» werden viele Aspekte der Symbioseproblematik sichtbar:

- Es darf keine Veränderung eintreten in der symbiotischen Situation, die Absicherung gegen Veränderung wird bis über das Leben hinaus zu erreichen versucht. Das Gemeinsame wird überbetont, das Trennende vermieden.
- Die Aggression ist abgespalten – nicht vorhanden.
- Vermutlich bewirkt gerade diese abgespaltene Aggression (in Realität etwa sichtbar in Mordphantasien bei sich so ideal liebenden Partnern), daß die Symbiose nicht mehr aufrechterhalten bleiben kann.
- Die Verarbeitung des Verlusterlebnisses setzt ein: Trauer und dann das Akzeptieren der neuen Situation, das Sich-Hinwenden zu Neuem.

– Die alten symbiotischen Tendenzen werden wieder wach, die Symbiose findet nun mit einem Partner statt, der «tot» ist, das heißt, die symbiotische Situation wird aufrechterhalten, auch wenn sie noch viel weniger lebendig geworden ist als zuvor. Die beiden sind nicht zu trennen voneinander. Dies bewirkt eine ungeheure Isolierung und ein Abgeschlossensein vom lebendigen Leben – über lange Zeit. Statt sich zu trennen, zerstört man sich selbst.

Gar so extrem, wie in diesem Märchen dargestellt, müssen sich Symbiosetendenzen nicht immer auswirken. Aber ich glaube, daß an dieser Extremform sichtbar wird, was in abgeschwächteren Formen zwar vorhanden, aber nicht so durchschlagend erkennbar ist.

Ich sagte, daß Symbiosestreben und Individuation ein Lebensrhythmus ist, der bei allen Menschen vorkommt. Das ist dahin zu präzisieren, daß wir nicht einfach «symbiotisch» sind, sondern daß wir Lebensbereiche haben, in denen wir vermehrt Symbiosetendenzen haben, andere, in denen diese weniger vorkommen. Unsere Symbiosetendenzen sind dort am stärksten, wo wir uns am hilflosesten vorkommen. Vielleicht kann man diesen Satz auch umkehren: wir sind dort am hilflosesten, wo wir am stärksten in symbiotischen Bindungen uns befinden. Aber gerade da ist dann auch die Chance zur Individuation.

Zwischen dem Symbiosestreben und der Notwendigkeit der Ablösung und der Individuation scheinen wir immer zu stehen. Dabei ist nicht zu übersehen, daß die Individuation im Verhältnis zur Symbiose das Gefühl des Getrenntseins vermittelt, aber auch ein Gefühl des Verlassenseins, ein Gefühl, das vermutlich seit der frühesten Kindheit – verbunden mit dem Stolz über die eigenen selbständigen Schritte – den Menschen nie mehr ganz verläßt.

Und dieses Gefühl des Getrenntseins, des Verlassenseins, kann zurück in die Symbiose drängen – oder aber es kann, wie *Fromm* es immer wieder ausdrückt und fordert, durch Liebe aufgehoben werden. Die Bewegung aus der Symbiose heraus auf neue Individuation hin, die immer wieder geschehen muß, muß durch einen weiteren Schritt ergänzt werden: den der Bezogenheit und der Liebe. «Im Gegensatz zu der symbiotischen Vereinigung ist die reife Liebe Eins-Sein unter der Bedingung, die eigene Integrität und Unabhängigkeit zu bewahren und damit auch die eigene Individualität.» (19)
Zu dieser «reifen» Liebe hin muß der Mensch sich aber entwickeln, sie findet sich nicht einfach vor. Sicher aber ist, daß diese Liebe, die Fromm fordert, die Bezogenheit zweier mit sich so weit als möglich identischer Partner, immer möglicher wird, je mehr Symbiosetendenzen einerseits und Strebungen zur Individuation andrerseits gesehen und erlitten werden. Mahler und ihre Mitarbeiter betonen immer wieder, wie wesentlich für die Findung der Identität die optimale Symbiose ist sowie die optimale Loslösung und Individuation. Blanck und Blanck sind der Ansicht, daß problematische Erlebnisse während der ersten dieser Phasen in späteren Phasen bis zu einem gewissen Grad korrigiert werden können. (20)
Ich habe zum Begriff der Liebe bei Fromm den Begriff der Bezogenheit beigefügt. Ich meine nicht, daß das dasselbe ist. Ich meine nur, daß wir Bezogenheit lernen können, daß wir sie auch voneinander fordern können – Liebe kann man nicht fordern, bei der Liebe kommt über die Bezogenheit hinaus ein Funke dazu, der nicht machbar ist. Unter Bezogenheit verstehe ich, daß ich versuche, den andern Menschen nicht einfach als eine Kopie von mir zu verstehen, sondern als eigenständige Persönlichkeit mit

Wünschen und Ängsten, Interessen, Kräften usw., und daß ich mich dazu verhalte, daß ich darauf reagiere, daß ich mich damit auseinandersetze. Die Bezogenheit müßte dahin führen, daß immer wieder ein gemeinsamer Standpunkt gefunden werden kann, der von beiden vertreten werden kann, ohne daß der eine seine Integrität aufgeben müßte.
Aber über diese Bezogenheit hinaus ist es natürlich gerade die Liebe, der Funke, der nicht machbar ist, der uns ergreift und über uns hinausweist, der diese Vereinzelung immer wieder aufhebt. Das kann gerade auch in der Sexualität erfahren werden, wobei in der Sexualität der Rhythmus von Verschmelzen und wieder zu eigenständigen Individuen werden sehr schön gewahrt bleibt.
Lassen Sie uns nun zum Schluß unserer einführenden Überlegungen zum Thema Symbiose noch überlegen, wo denn überall Symbiosetendenzen auftreten. Vielleicht müßte man sich eher umgekehrt fragen: Wo treten Symbiosetendenzen nicht auf? Die Symbiosetendenz des Säuglings nannten wir die «normale» Symbiose; meistens ist die Mutter die, mit der das kleine Kind symbiotisch verschmilzt. Diese Symbiose kann sich im Laufe des Lebens leicht ausweiten auf die Familie, auf bestimmte Gruppierungen, die ähnliche Ideen vertreten, auf die Heimat, auf eine gewisse Rasse, auf religiöse Gemeinschaften usw. Das heißt aber nicht, daß diese Beziehungen, die wir alle haben und brauchen, notwendigerweise symbiotisch sein *müssen;* sie *können* aber symbiotisch sein und führen dann zu sehr großer Loyalität im Innern, verbunden mit Kritiklosigkeit, und zur Aggression nach außen. Wir können mit allem, was uns einen gewissen Schutz verspricht, symbiotisch verschmelzen und unsere Eigenständigkeit aufgeben.
So ist es nur natürlich, daß wir auch die Tendenz haben,

mit unseren Partnern symbiotisch zu verschmelzen. Seit einigen Jahren wird auch immer wieder betont, die Frauen seien zu symbiotisch mit ihren Müttern, sie fänden deshalb nie zu der Eigenständigkeit, die sie brauchten, um eine neue Form der Partnerschaft gestalten zu können. Dabei kann diese Symbiose gesehen werden als zu enge Bindung an die persönliche Mutter oder aber auch an das Frauenbild ganz allgemein.

Für den Therapeuten ist natürlich zu bedenken, daß in sehr vielen Therapien dieses symbiotische Verschmelzen auch stattfindet, stattfinden muß, damit der Klient die Geborgenheit findet, die die Voraussetzung ist für Loslösung und Individuation. Hier wäre dann auch an die Analytiker zu denken, die ihre Klienten nicht in die Autonomie hinein freilassen können, denn durch eine symbiotische Beziehung werden auch sie narzißtisch aufgewertet. Man kann aber auch ganz anders reagieren auf das symbiotische Angebot: man kann sich dagegen auflehnen, daß man so vereinnahmt wird durch den Analysanden. Die «Wege aus der Symbiose» müßten also auch therapeutische Möglichkeiten, therapeutische Wege aus solchen Therapiesituationen aufzeigen.

Eine spezielle Form der Verschmelzung scheint mir bei den Mystikern zu finden zu sein. Das mystische Erleben ist das Verschmelzen des Mystikers mit dem Göttlichen, das Aufgehen im Göttlichen. Und obwohl diese Sehnsucht immer auch als Todessehnsucht beschrieben wird – der Mystiker sehnt oft den Tod herbei, um bei seinem Gott sein zu können –, hindert das die meisten Mystiker doch nicht daran, unter den Menschen zu wirken – für ihren Gott natürlich. Beispielhaft in diesem Zusammenhang scheint mir Teresa von Avila zu sein: sie beschreibt ein mystisches Erlebnis wie folgt:

«Als ich einmal gerade dabei war, den Hymnus ‹Veni Creator Spiritus› zu beten, überkam mich eine so ungestüme Verzückung, daß sie mich fast meiner Sinne beraubt hätte, ein Erlebnis, an dem ich ganz und gar nicht zweifeln kann, da es zu offensichtlich war. Dabei vernahm ich die Worte: ‹Ich will nicht, daß du noch mit Menschen Umgang pflegst, sondern nur noch mit Engeln›. Mich versetzte das in großen Schrecken.» (21)
Mir scheint dieses mystische Erlebnis ein Verschmelzungserlebnis zu sein. Das hat Teresa aber nie gehindert, auf der Erde kräftig zu wirken – für ihren Gott. Ich glaube auch nicht, daß wir Teresa etwa den Vorwurf machen könnten, nur symbiotisch und nicht individuiert gewesen zu sein. Vielleicht haben die Mystiker die Symbiose dort gelebt, wo sie ohne Schaden für die Individuation lebbar ist, wo sie vielleicht wirklich optimal gelebt werden kann.
Symbiose ist nicht einfach Symbiose. Und Symbiose ist an sich auch weder gut noch schlecht: Es ist offenbar in gewissen Situationen von großer Bedeutung für den einzelnen, daß er sich symbiotisch aufgehoben fühlen kann, das kann in ihm wieder ganz neue Kräfte wecken. Symbiose kann aber ebensosehr eine absolute Abkehr vom Leben bewirken; eine Abkapselung bedeuten, die in sich steril ist, eine Hinwendung zum Toten, zum schon Dagewesenen, und sie kann dann sehr hinderlich sein für den Fortgang des Lebens. Es geht wohl auch hier darum, daß der Rhythmus gewahrt bleibt: daß Symbiose und Individuation immer wieder sich ereignen auf ein neues Niveau hin und daß die dadurch gewonnene Identität immer mehr dem Menschen auch die Möglichkeit gibt, sein Getrenntsein durch Bezogenheit und durch Liebe als Verbundensein von eigenständigen Individuen zu erleben.
Aber immer wieder gibt es Situationen im Menschen, wo

eine symbiotische Situation verlassen werden muß – und solchen Situationen wollen wir uns nun in der Folge zuwenden. Wege aus der Symbiose sind Wege der Trennung.

DIE REISE IN DIE UNTERWELT ZUR STRUDELHÖHLE FAFÁ

Die Auseinandersetzung mit dem verschlingenden Urgrund

Lauango und seine Frau, die ebenfalls Lauango hieß, hatten drei Söhne: Faalataitafua, Faalataitauana, Faalataitimea und eine Tochter, namens Sina.

Eines Tages gingen die beiden älteren Brüder fort zum Fischfang. Faalataitimea blieb zu Hause. Er sollte auf die Schwester achtgeben und für sie sorgen. Er bereitete das Essen, und Sina legte sich hin und schlief ein. Als sie nach einiger Zeit aufwachte, bemerkte sie, daß man ihr eine große Schmach angetan hatte; sie sah den Bruder noch eben zur Tür hinausgehen. Sie stand auf und begab sich ganz verzweifelt an den Strand. Dort setzte sie sich hin und wartete auf die Brüder, die bald vom Fischzug zurückkommen mußten.

Nach einiger Zeit näherten sich Boote dem Strand, und der ältere Bruder sagte zu seinen Gefährten: «Es scheint, als ob dort Sina am Ufer sitzt! Rudert tüchtig zu! Warum hat sie sich nur in die pralle Sonne gesetzt?» Als sie dem Land nahe waren, riefen sie: «O ja, gewiß, das ist Sina!» Die Fische sollten nun an den Strand gebracht werden, da bat Sina ihren älteren Bruder, er möchte sie allein herbringen, sie wolle gern noch einmal zu Faalataitauana hinausfahren, um einäugige Bonitos zu holen.

So geschah es. Die beiden setzten sich ins Boot und fuhren weit, weit hinaus. Faalataitauana wunderte sich darüber und sagte schließlich zu Sina: «Nun, wollen wir hier nicht fischen? Sieh, hier gibt es doch so viele Fische!» – «O nein, rudere nur weiter, hier ist es zu sonnig, deshalb habt ihr auch keine schönen Fische bekommen.» Und sie fuhren weiter und immer weiter, und wieder sagte ihr Bruder: «Sina, hier sind doch so prächtige Fische!» – «Ach, rudere doch zu!» bekam er zur Antwort. So fuhren sie weiter und gelangten schließlich an den Eingang zur Unterwelt, wo mit gewaltigem Getöse sich die rauschenden Wasser in die Strudelhöhle Fafá stürzen.

Da rief Faalataitauana: «Bevor ich jetzt sterbe, möchte ich doch gern wissen, warum wir beide in den Tod gehen!» – «Ja», seufzte Sina, «ich will es dir sagen, der dumme Bengel, der Faalataitimea, hat sich an mir vergangen und mir unauslöschliche Schmach angetan!» – «Was hat er denn getan? Sag, ich werde den törichten Kerl totschlagen!» – «Komm nur», antwortete Sina, «wir sind schon ganz nahe beim Strudel. Sieh, dort am Rand, auf der Klippe, steht ein Baum. Springe aus dem Boot, halte dich am Baum fest, ich will zur donnernden Tiefe hinabfahren.»

Faalataitauana tat, wie die Schwester ihm geraten hatte, und klammerte sich an den Baum. Sina aber wurde von dem schäumenden, gurgelnden Strudel erfaßt und verschlungen.

Faalataitauana kletterte ans Ufer und legte sich am Strande unter den Schlingpflanzen zum Schlafe nieder. Sie gehörten einer sehr vornehmen Frau, der Sisialefafá. Die Vögel sangen.

Sisialefafá ging an den Strand und wollte nachsehen, weshalb denn alle Vögel sängen. Als sie den schönen schlummernden Jüngling erblickte, schwanden ihr vor Entzücken fast die Sinne, und sie dachte bei sich: ‹Ich will ihn jetzt aufschrecken und sehen, ob er ein Mensch oder ein böser Geist ist!› – «Heda!» rief sie. Da fuhr Faalataitauana zusammen; er richtete sich auf und sagte: «Was soll das? Warum erschreckst du mich?» – «Ah» sprach da Sisialefafá, «es ist ein Häuptling. Ich habe ein schönes Haus», fuhr sie fort, «Matten, schöne Kopfbänke und gute Mückenzelte, sag an, warum schläfst du hier unter den Schlingpflanzen wie ein Bettler?»

«Ich habe mich aus dem See gerettet», antwortete er, «und will nun am Strande ausruhen.» – «Komm nur mit mir!» Darauf gingen sie nach Hause; sie gab ihm schöne Kleid- und Schlafmatten und eine Kopfstütze, und Faalataitauana streckte sich wieder zum Schlafen aus.

Sie ging unterdessen wieder hinaus und machte auf dem Herde Steine heiß zum Braten. Dann holte sie zwei Taros und zwei Hühner herbei, einen Taro reinigte sie, der andere blieb ungesäubert, ein Huhn rupfte sie, das andere legte sie mit den Federn in den Ofen. Nachdem alles gar war, tat sie das ungerupfte Huhn und den schmutzigen Taro auf ein Bananenblatt und stellte es vor Faalataitauana hin.

Als er erwachte, sagte er: «Liebe Frau, sei doch so gut und räume diese Sachen fort, bei mir zu Hause pflegt man solches Zeug nicht zu essen, bei uns schabt man den Taro und rupft das Huhn.» – «Ach, gib her», rief Sisialefafá, «meine Leute haben ein Versehen gemacht.» Sie ging fort und kam dann mit dem schön zubereiteten Huhn und dem geschabten Taro wieder.

Sie setzten sich beide zum Essen hin; als sie fertig waren, fragte Faalataitauana: «Sag, wie heißt du eigentlich?» – «Ich bin Sisialefafá!» antwortete sie; dann nannte er ihr seinen Namen. Sisialefafá hatte sehr langes Haar, das fiel bis auf die Erde herab, denn es war niemals geschnitten worden. Und Faalataitauana sprach: «Halte dein Haar her, ich will es abschneiden!» Sie tat es, und als es geschnitten war, gingen beide fort und badeten sich. Dann kehrten sie ins Haus zurück und lebten eine lange Zeit recht glücklich miteinander. Sisialefafá gebar ihm ein Kind und später noch eins.

Eines Tages stellte sich bei Faalataitauana die Sehnsucht nach der Schwester ein, und er sagte: «Ich möchte wissen, wie ich meine Schwester Sina wiederfinden kann, die vom Fafá-Strudel verschlungen wurde.» Sisialefafá glaubte jedoch, daß ihr Mann andere Absichten habe, und weil sie sehr eifersüchtig war, sagte sie: «Ach, willst du mit der Ilalegagana etwa eine Liebelei anfangen?» Ilalegagana war nämlich eine sehr vornehme Frau, die in der Nähe der Strudelhöhle wohnte und heimlich in Faalataitauana verliebt war. Sie besaß einen kräftigen Liebeszauber, den Sisialefafá wohl kannte, gegen den sie jedoch machtlos war. Als ihr Mann den Wunsch geäußert hatte, machte sie einen Schurz aus schönem Titi-Gras und gab ihm eine prächtige Kette aus roten Pandanusfrüchten. «So, jetzt lege den Schurz und meine Halskette an, sie sollen dich gegen Ilalegagana schützen und mir deine Liebe bewahren.» Sie vertraute ihm außerdem den Liebeszauber ihrer Nebenbuhlerin an. «Sie besitzt kleine Muscheln und hat sie nach dir und deinen Brüdern benannt.»

Faalataitauana ging darauf fort und kam bald in die Nähe des Strudels. Dort stand eine Gruppe junger Mädchen beieinander, die sich gegenseitig zuflüsterten: «Ach, seht doch den schönen Häuptling, der da herkommt; ist Faalataitauana, an den unsere Herrin Ilalegagana immerwährend denken muß, wohl so schön wie er?» Faalataitauana achtete jedoch nicht auf das Geschwätz, er wollte seine Schwester wiederhaben, und der Weg zu ihr führte nur über Ilalegagana. Zunächst mußte er ihren Liebeszauber zerstören. Er trat also in das Haus ein, ergriff eine der verzauberten Muscheln, welche die Frau hinter ihrem Rücken verborgen hatte, und zerbrach sie. Da weinte Ilalegagana und klagte:

«Meine kleine Muschel ist zerbrochen, sie ist hin,
Meine kleine Muschel, die ich Faalataitafua nannte;

Auf dem Rücken trug ich sie versteckt,
Er ist der älteste Sohn des Lauango.»

Nun ergriff er die zweite Muschel, welche Ilalegagana im Auge aufbewahrte, und zerbrach sie. Und wieder weinte die Frau und klagte:

«Meine kleine Muschel ist zerbrochen, sie ist hin,
Meine kleine Muschel, die ich Faalataitauana nannte,
Wie Lauango's zweiten Sohn, an den ich immer denke,
Die ich stets in meinem Auge trug.»

Und zum dritten Male griff Faalataitauana nach einer Muschel, die im Schoß der Frau lag, und zerbrach sie. Und wieder weinte Ilalagagana und klagte:

«Meine kleine Muschel ist zerbrochen, sie ist hin,
Meine kleine Muschel, die ich Faalataitimea nannte,
Wie Lauango's dritten Sohn, den törichten Knaben,
Die ich hier in meinem Schoß verborgen hatte.»

Faalataitauana warf ihr die Stücke vor die Füße und sagte: «Weshalb gabst du einer so kümmerlichen Muschel meinen Namen?» Ilalegagana schwieg still, doch die Leute im Haus wollten es sich nicht gefallen lassen, daß ihre Herrin beleidigt wurde; sie schlugen fürchterlichen Lärm. Ilalegagana wollte versöhnen und sprach: «Geht hin und holt all die schönen Sachen, welche ihr für meinen Geliebten bereit habt, holt die Schweine, den Taro, den Yams, die Hühner, die Kokosnüsse, das Zuckerrohr und die Sklaven.» Die Sachen wurden herbeigeschleppt und dem Faalataitauana übergeben. «Leute», sagte er, «warum bringt ihr das alles mir, was soll ich damit? Es ist schon besser, ihr verteilt es unter euch!» Da wurden die Sachen zur Hälfte an die Anwesenden verteilt, die andere Hälfte mußte Faalataitauana annehmen. Und nun erwies sich der Liebeszauber der Ilalegagana doch als der stärkere; Faalataitauana vergaß seine Sisialefafá, aß mit Ilalegagana, und sie wurde seine Frau.
Als sie mit dem Essen fertig waren, sagte der junge Mann: «Nun laß mich einmal bitte deinen Brunnen mit dem Lebenswasser, Vaiola, sehen!»
«Oh, wer hat dir dies verraten?» fragte Ilalegagana. «Wer hat dir das

gesagt, dich so belehrt?» Sie dachte, daß Sisialefafá es getan hätte. Und sie gab ihren Leuten Befehl, Sisialefafá sofort herbeizuschaffen und im Ofen zu backen. Die Leute gingen fort und brachten bald darauf Sisialefafá mit ihren beiden Kindern herbei. Die Frau wußte, was ihr bevorstand und klagte:

«Beruhigt und besänftiget euch, bitte,
Besänftiget und beruhigt euch, bitte,
Laßt mich erzählen euch allen, wie alles gekommen,
Wie Faalataitauana erschienen,
Nahe dem Gestade geschlummert
Unter den Schlingpflanzen.
Wie Vogelgesang ertönte,
Und ich zum Ufer gegangen, zu sehen,
Ob er ein Mensch, ob ein Gespenst war.
Wie er mir da gestand,
Daß schwimmend er sich rettete
Aus der schäumenden See.
Wie die Kinder ich ihm gebar.
Tauana, o komm heraus zu mir,
Dir will ich die Kinderchen geben,
Obschon sie mich nun verbrennen.»

Die Klage rührte Ilalegagana, und sie sagte: «Laßt Sisialefafá und die Kinder leben! Sie mögen getrost wieder nach Hause gehen.» Das geschah; fortan lebten aber Ilalegagana und Faalataitauana zusammen miteinander.

Eines Tage sagte die Frau zu ihrem Mann: «Du wolltest Sina wiedersehen? Geh jetzt und suche den Platz, wo die alte blinde Matamolali wohnt. Brich dir ein Kokosblatt ab und berühre damit ihre Augen.» Da zog Faalataitauana aus und tat wie ihm gesagt war. Als er die Augen der Alten berührte, rief sie aus: «Oh, wer berührt meine Augen?» Und Matamolali konnte fortan wieder sehen. Faalataitauana bat sie, ihm zum Dank den Eingang zum Lebensquell, zu Vaiola, zu zeigen. Bereitwillig ging sie mit ihm und machte die Öffnung frei.

Sie sahen einen breiten Fluß, und in ihm trieben zunächst krummbucklige Gestalten in den Wellen vorüber, dann Menschen mit morschen Gliedern, mit geschwollenen Armen, aufgedunsenen Beinen, dann die Blinden, und schließlich kamen die Leiber wohlgestalteter

Männer. Faalataitauana konnte Sina jedoch nicht entdecken, da fragte Matamolali ihren Begleiter, wie seine Schwester aussähe. «Als sie mit dem Boot unterging», antwortete er, «trug sie nur ein Halsband aus roten Pandanusfrüchten.» Jetzt wurde der Zug der Jungfrauen von den Fluten vorübergetragen, als letzte kam Sina.

Matamolali rief das Mädchen an: «Liebling, bringe mir bitte dein Halsband her!» – «Hier», flüsterte Sina und streckte es ihr hin. «Du sollst es mir hierher bringen!» sagte die Alte. «Oh, verzeiht», antwortete das Mädchen, «ich muß fort, die andern warten auf mich.» – «Du bringst es sofort hierher», rief die Alte, «sonst werde ich böse; dann verschließe ich die Quelle, und ihr könnt euch nicht mehr beim Schwimmen tummeln.»

Als Sina mit dem Halsband herankam, ergriff Matamolali schnell das Mädchen bei der Hand und zog es aus den Fluten. So kam es aus dem Todeswasser heraus. Die Alte brachte Sina jetzt zum Vaiola, zum Lebenswasser, das dicht daneben floß. Sie schlug das Mädchen und tauchte es unter, sie schlug es noch einmal und tauchte es unter. Dann fragte sie: «Was ist dort?» – «Dort ist Westen!» Und wieder schlug die Alte zu und tauchte es unter: «Was ist dort?» – «Dort ist Osten!» Und wieder schlug die Alte zu und tauchte es unter. «Was ist dort?» – «Dort ist Süden!» Und zum letzten Male schlug die Alte zu und tauchte es unter. «Was ist dort?» – «Dort ist Norden!»

So war Sina wieder lebendig geworden. Sie ging mit der Alten zu dem Hause, wo Faalataitauana bereits angelangt war. Er hatte sich in dem abgeschlossenen Teil des Hauses hingesetzt und war seiner Schwester nicht sichtbar. Matamolali gab dem Mädchen einen Kamm, um sich sein wirres Haar zu ordnen. Als Sina den Kamm näher betrachtete, sprach sie mit sanfter Stimme: «Sei mir willkommen, du lieber Kamm!» – «Warum bist du denn so gerührt?» fragte die Alte. «Ach, es ist nichts!» antwortete Sina, «ich betrachtete mir nur den Kamm, weil er geradeso aussieht wie der, den ich einst meinem Bruder schenkte.» Darauf gab die Alte ihr eine prächtige Kleidermatte, und als sie dem Mädchen sagte, sie möchte die Matte anlegen, sagte es wieder ganz wehmütig: «Sei mir willkommen, du liebe Matte! So sah auch die Matte aus, die ich einst meinem Bruder schenkte.» Schließlich setzte die Alte dem Mädchen allerlei Speisen vor, darunter auch etwas, wovon Faalataitauana schon gegessen hatte. Und als Matamolali sah, wie das Mädchen weinte, sagte sie dem Bruder, er möchte doch herbeikommen.

Faalataitauana kam, Bruder und Schwester sanken sich in die Arme und weinten sich aus. Sie freuten sich, daß sie sich wiederhatten. Sie verabschiedeten sich von der guten Alten und kehrten zu Ilalegagana zurück, wo sie noch eine Zeitlang wohnten.
Doch eines Tages packte sie das Heimweh, und Faalataitauana sagte: «So, jetzt wird es Zeit, daß wir in die Heimat zurückkehren und sehen, wie es dort ausschaut.» Als Ilalegagana das hörte, war sie zuerst tief betrübt; endlich ging sie aber zu ihrer Mutter Pipiula, der Sonne, und rief:

«Pipiula, komm herauf, komm herauf!»

und schnell ging die Sonne auf.

«Laß strecken sich den Sonnenstrahl,
Nach Hause sehnt sich mein Gemahl!»

Da entsandte die Sonne ihre Strahlen und leuchtete Faalataitauana und Sina nach Hause. Den bösen, törichten Faalataitimea hatten inzwischen die Götter bestraft, er war an einer qualvollen Krankheit gestorben.

Dieses Märchen (22) ist ein Südseemärchen, es stammt aus Samoa, offenbar aus einer Phase, in der diese Kultur als solche der Symbiose noch nahe war. Wir werden uns darauf beschränken müssen, die wichtigsten Züge daran herauszuarbeiten und vieles, was vermutlich eben der Mentalität der Südseebewohner entspricht, stehen lassen. Wenn Märchen wirklich typische Probleme des Menschen beschreiben und die Wege, die aus diesen Problemen herausführen, dann muß es auch möglich sein, in einem Märchen aus der Südsee etwas zu finden, was für Menschen allgemeingültig ist.
Das Märchen beginnt damit, daß Lauango eine Frau hat, die ebenfalls Lauango heißt. Lauango Vater und Lauango Mutter unterscheiden sich offenbar sehr wenig, zumindest nicht in ihrem Namen. Sie dürften eine symbiotische Ehe

miteinander führen. Das Thema der Symbiose klingt also bereits an. Das Märchen schildert aber nicht diesen Umstand als Problem, sondern das Problem ist, daß der jüngste Bruder – während die Schwester schlief – sich an ihr vergangen hatte, ihr «große Schmach angetan hatte». Das dürfte bereits die Folge dieser symbiotischen Elternbeziehung sein, denn wenn die Eltern sich schon in den Namen teilen, wie sollte denn der Bruder nicht auch mit seiner Schwester schlafen? Er kann dann in der Familie bleiben, er braucht nicht hinauszugehen und die Symbiose zu sprengen. Aber gerade durch diese Tat sprengt er die Symbiose – die Schwester, die zuvor noch geschlafen hat, wacht plötzlich auf, weiß plötzlich, was da vorgeht – und daß sie das nicht will –, und setzt sich hinaus in die pralle Sonne. Sina ist aufgewacht – und der Ort der Handlung ist verlegt worden, sie ist aufgebrochen.

Wir können diese Ausgangssituation im Märchen etwa vergleichen mit der Situation in einer Familie, die in sich sehr symbiotisch miteinander verschwimmt, wo dementsprechend auch viel geschlafen wird – es geht alles recht unbewußt zu. Und eines Tages möchte der Bruder plötzlich seine sexuellen Bedürfnisse bei seiner Schwester befriedigen, an sie ist er ja schon gewöhnt – vor andern Frauen hat er Angst. Bruder-Schwester-Inzest kann aber auch so verstanden werden, daß der Bruder seine Schwester mit Beschlag belegt, er will sie für sich haben, sie soll für ihn da sein. Die Symbiosetendenzen werden von diesem Bruder übertrieben, und gerade diese Übertreibung bewirkt, daß ein Entwicklungsweg einsetzt. Er hat ein Tabu gebrochen, das Tabu, das ja gerade dadurch, daß es errichtet ist, zeigt, daß dieser Weg zurück zur Schwester – statt vorwärts zur fremden Frau – immer ein verlockender ist und eben deshalb durch ein Tabu versperrt werden muß. Sina wird natürlich als Frau nicht geachtet in dieser Situation, sie hat nichts zu sagen. Um so erstaunlicher ist aber, daß sie nun energisch handelt.

Sie wartet auf die älteren Brüder – und mit dem einen Bruder will sie hinausfahren, um zu fischen. Das ist aber nur ein Vorwand: Sina will zum Eingang der Unterwelt rudern, «wo mit gewaltigem Getöse sich die rauschenden Wasser in die Strudelhöhle Fafá stürzen». Sina will sterben. Für sie gibt es offenbar nur die Radikallösung.

Entweder lebt sie ganz ohne Schmach – oder sie stirbt. Der Tod kann ja auch als eine große Symbiose verstanden werden; so ist es für den Menschen mit Symbiosetendenzen durchaus auch eine Möglichkeit, im Tode eine nächste Symbiose zu wählen, viel eher, als die Situation auszuhalten und Schritt für Schritt zu erdauern.

Der Bruder stellt die Frage nach dem Warum dieses gemeinsamen Todes. Diese Frage scheint ihm das Leben zu retten, denn Sina weist ihn sehr präzise an, sich am Baum auf der Klippe festzuhalten, sie aber will in die donnernde Tiefe fahren. Sina wird dann auch von dem Strudel erfaßt und verschlungen. Vielleicht auch dies wiederum ein Symbol für die Symbiose: Eingehen in den Todesstrudel. Der Bruder aber ist gerettet. Und zwar gerade durch einen Baum, der ja in so mancher Beziehung Symbol für das Leben schlechthin ist. Gerade in den heißen Ländern zeigt der Baum ja immer an, daß da Wasser ist, Wasser, das so dringend zum Überleben gebraucht wird. Der Baum ist unter anderem auch ein Symbol für das Phallische und könnte darauf hindeuten, daß im vermehrten Autonomiestreben die Rettung liegen kann. Der Rat, sich am Baum festzuhalten, kommt von der Schwester, die nicht einfach verschwindet im Strudel, sondern gleichzeitig auch dafür sorgt, daß etwas im Leben doch auch weitergehen kann.

Allerdings mußte der Bruder die Warum-Frage stellen, diese kleine Frage der Besinnung, die die fraglose Symbiose bis in den Tod sprengen kann. Nun wird der Bruder Träger der Entwicklung.
Wir müssen uns hier nun die Frage stellen, ob wir das Märchen so interpretieren wollen, daß der Bruder wirklich auch der Bruder ist, der nun einen Entwicklungsweg leisten muß, nachdem ihn die Schwester an den richtigen Ort gebracht hat, während sie außerhalb des Geschehens ist und erst wieder erscheinen kann, wenn der Bruder einen gewissen Weg zurückgelegt hat. Bruder und Schwester können dann auch als Modellfiguren für männliches und weibliches Verhalten in dieser Situation stehen. Oder ob wir, wenn wir gerade diesen letzten Gedanken weiterspinnen, den Bruder als die männliche Seite in der Märchenheldin Sina auffassen wollen; oder aber, ob wir Sina als die weibliche Seite von Faalataitauana ansehen wollen. Diese Frage stellt sich bei der Interpretation von Bruder-Schwester-Märchen immer, sie stellt sich aber in unserem Märchen besonders intensiv und ist auch sehr schwierig zu lösen, weil es eben ein symbiotisches Märchen ist, da verschwimmt alles mit allem.
Ich schlage deshalb vor, daß wir in der Interpretation nun einmal wirklich zu Faalataitauana schwenken, wie wenn er der Held wäre, und daß wir, wenn seine Abenteuer uns einigermaßen zugänglich sind, die anderen Sichtweisen mitberücksichtigen.
Von der Symbiose her ist natürlich wichtig zu sehen, daß hier eine Trennung zwischen Faalataitauana und seiner Schwester stattgefunden hat, Faalataitauana wird verlassen. Etwas ist ihm – wie es scheint unwiederbringlich – verloren gegangen.
Damit könnte eine Lebenssituation gemeint sein, wo eine

symbiotische Beziehung zerbrochen ist, in der der eine Mensch ohne den andern sehr plötzlich einsam dasteht, und weil er so sehr im andern auch gelebt hat, das Gefühl hat, als wäre ein Teil von ihm gestorben; zwar hat er nochmals das nackte Leben gerettet, aber es ist zu viel vom gewohnten Lebensgefühl nicht mehr vorhanden. Menschen mit einer depressiven Grundstruktur reagieren auf Trennung mit einem Gefühl der größten Verlassenheit, hatten sie sich doch zuvor symbiotisch mit dem Partner verbunden und ihn unter Umständen auch als «Nährboden» für ihr Leben benutzt.

Faalataitauana legt sich dann auch zunächst einmal in den Schlingpflanzen zum Schlafen nieder. Nun wird also schon wieder geschlafen, Schlaf als symbiotische Möglichkeit auch hier. Zudem legt er sich noch in die Schlingpflanzen der Sisialefafa – und man kann geradezu darauf warten, daß er von dieser Frau umschlungen werden wird. Schlingpflanzen erinnern stark an den verschlingenden Aspekt des Mutterarchetyps, an das Naturhafte, das sich ausgebreitet hat. Allerdings künden die Vögel seine Anwesenheit an – also nicht nur der untere Bereich, der Sumpfbereich des Mutterarchetyps, ist konstelliert, sondern auch der geistige Bereich in den Vögeln. Im Namen der Sisialefafa zeigt sich, daß wir wirklich im Bereich des Strudels geblieben sind – die Strudelhöhle heißt ja Fafá –, daß Faalataitauana also in dem Bereich bleibt, wo ihm Sina abhanden gekommen ist, auch wenn er sie jetzt zunächst einmal vergißt.

Sisialefafa umgarnt ihn nun wirklich ganz intensiv – und er läßt sich umgarnen. Er wird verwöhnt, es scheint ziemlich paradiesisch zuzugehen; aber ganz einwickeln läßt er sich nicht von der Sisialefafa: Er weist das Essen zurück, das nicht geputzt und geschält ist, er weist das zu Unkultivierte zurück. Und er schneidet auch die langen Haare der Sisialefafa, die bisher nie geschnitten worden waren. Lange Haare, die nie geschnitten worden sind, verbinden wir gerne mit der Simson-Geschichte des Alten Testaments. (23) In den langen, ungeschnittenen Haaren liegt die Kraft. Bei einer Frau wohl die erotische Kraft, haben doch die Haare sehr viel zu tun mit weiblicher Anziehungskraft auf die Männer. Im weiteren bedeuten diese nie geschnittenen Haare natürlich auch, daß diese Frau in einem Urzustand lebt, daß sie nicht mit Menschen in Berührung gekommen ist, mit andern Worten, sie entstammt einem sehr unbewußten Bereich. Als die Haare geschnitten sind, baden sie sich – und leben dann miteinander. Das Bad, das Waschen, das Übergießen mit Lebenswasser am Ende des Märchens spielen in diesem Märchen eine große Rolle. Mit dem Bad kann immer auch gemeint sein, daß man den alten Adam abwäscht, daß also eine neue Stufe der Entwicklung sich ankündigt.

Ich habe die Sisialefafa eine Frauenfigur genannt, die im Bereich des Mutterarchetyps anzusiedeln wäre, halb Mutter, halb Geliebte. Was bedeutet es nun, wenn Faalataitauana hier bei ihr bleibt? Ganz konkret könnte es bedeuten, daß ein Mensch, der aus einer Symbiose herausgeschleudert worden ist, sich zunächst wieder in eine symbiotische Beziehung hinein flüchtet, die sehr stark auch für ihn als mütterlich empfunden wird, daß er sich überhaupt nicht mehr darum kümmert, was ihm fehlt, sondern das genießt, was nun eben sich *anbietet,* wobei hier wesentlich ist, daß er nicht wieder ganz in die Symbiose fällt, sondern einige Autonomie sich bewahrt – die Frau ist mächtig, aber nicht mehr ganz übermächtig.

Das muß sich allerdings nicht unbedingt in einer konkreten Beziehung so ergeben, das kann sich ebensogut in der Phantasie abspielen – Paradiesesphantasien, Phantasien des

Umworbenseins, des Aufgehobenseins, wobei die Rolle des Faalataitauana dann doch die ist, daß er in diesen Phantasien einen aktiven Part spielt. Es ist ja in den meisten Fällen so, daß, wenn ein so großer Verlust eintritt, dieser in der Phantasie kompensiert werden kann. Diese heilenden Phantasien würde ich als Phantasien aus dem Mutterarchetyp bezeichnen.
Ich denke in diesem Zusammenhang an einen Mann von 30 Jahren, der wegen depressiven Verstimmungen die Therapie aufsuchte. Die depressive Verstimmung hatte eingesezt, als seine Zwillingsschwester sich verheiratet hatte. Die beiden Geschwister hatten zuvor zusammen im gleichen Haushalt gelebt, wobei der Bruder sehr verwöhnt wurde. Vordergründig war es ihm sehr recht, daß seine Schwester sich verheiratete, er fühlte sich nämlich von ihr beobachtet, bevormundet, verhätschelt; als seine Schwester ihn aber wirklich verlassen hatte, da fand er sein Leben leer, unerträglich langweilig und spielte mit den Gedanken, es zu beenden. In seinen Träumen tauchte bald nach Beginn der Therapie eine Mutterfigur auf, die er Frau Holle nannte; in seinen Träumen wurde gegessen, geschlafen, er wurde gebadet. Das Unbewußte erfüllte seine Bedürfnisse, und es war für ihn ein leichtes, diese Phantasien zu pflegen. Dabei schien es mir wichtig, daß er in seinen Phantasien sich nicht einfach von diesen mehr oder weniger verführerischen Frauenfiguren verwöhnen und einlullen ließ, sondern daß er immer auch seinen bewußten Standpunkt mit einbrachte.
Eines Tages nun stellt sich bei Faalataitauana wieder die Sehnsucht nach der Schwester ein. Nachdem er getröstet ist, nachdem das Leben auch seinen Fortgang genommen hat – er hat ja auch Kinder als sichtbaren Beweis dafür, sei dies nun real oder in der Phantasie –, fällt ihm wieder ein,

daß ihm ja doch etwas Wesentliches fehlt und daß er eigentlich an diesem Ort noch immer ist, weil er eben gerade dieses Wesentliche wieder zurückholen möchte in sein Leben.

Durch ihre Eifersucht nun bringt Sisialefafa den Faalataitauana darauf, wie er es anstellen muß, zu Sina zu gelangen: Ilalegagana ist eine Frau, die in der Nähe der Strudelhöhle wohnt, also offenbar noch näher am Problem, nämlich am Problem des sich einfach Verschlingenlassens. Auch diese Frau ist heimlich in Faalataitauana verliebt. Vielleicht mag da Lokalkolorit mit im Spiel sein, ich glaube es aber nicht eigentlich, ich glaube, daß damit ausgedrückt ist – und das scheint mir für die Fragestellung der Wege aus der Symbiose wesentlich zu sein –, daß nicht er den Weg suchen muß, sondern daß das Schicksal ihn sucht, daß es also vor allem wichtig ist, sich nicht dagegen zu stemmen.

Der Weg zur Schwester führt über Ilalegagana – und Sisialefafa kann ihm auch sagen, was denn der Zauber dieser Frau ist: sie trägt drei Muscheln bei sich, die die drei Brüder verkörpern. Faalataitauana hat potentiell die Möglichkeit der Brüder, er verkörpert sie alle, und kann deshalb auch das Symbiose-Problem des Anfangs aufarbeiten. Muscheln umschließen etwas Kostbares, aber der Aspekt des Abgeschlossenen, des Keine-Verbindung-Habens gegen außen ist darin auch stark enthalten. Nun werden hier die Muscheln auch noch verniedlicht als kleine Muscheln: die große Mutter, die ihre Söhne wie kleine Muscheln an sich trägt und sie nicht weggeben will. Die Übermacht des Mutterarchetyps wird hier grotesk klar. Faalataitauana aber ist nun so autonom – unter anderem durch den stärkenden Aufenthalt bei Sisialefafa, daß er *weiß*, daß diese verniedlichte Form von ihm und seinen Brüdern aufgehoben werden muß – und er holt die Muscheln und zerdrückt sie: «Weshalb gabst du einer so kümmerlichen Muschel meinen Namen?» Faalataitauana wird sich seines Wertes bewußt, er will sich nicht mehr mit diesem Muscheldasein zufrieden geben.

Das Pochen auf seinen Wert als Mensch hat Folgen: er bekommt sehr viele Güter von der Ilalegagana, die er aber nicht nur für sich nimmt, sondern zur Hälfte auch unter die Anwesenden verteilt. Güter, Kräfte, Lebensmöglichkeiten, die zuvor offenbar an Ilalegagana gebunden waren, die zwar vorhanden, aber nicht nutzbar waren, werden nun dem Faalataitauana zur Verfügung gestellt. Dieses Verteilen an die Anwesenden betrachte ich als eine Ausweitung seiner Persönlichkeit. Hinterher verfällt er aber der Ilalegagana doch.

Überlegen wir uns wiederum, was das ganz konkret bedeuten könnte. Ich meine, daß der Schritt zur Ilalegagana ein neuer Bewußtseinsschritt ist: Faalataitauana erkennt, sei dies nun im Rahmen einer Beziehung, in der die Frau ihn zum Beispiel darauf hinweisen könnte, daß er eigentlich eine Liebesgeschichte mit der Frau haben möchte, die ihn wie eine Muschel an ihrem Körper trägt, ihn also fast mehr als infantil macht und ihn auch jederzeit zerdrücken könnte, sei es, daß – jetzt wieder im Rahmen von Phantasien – er plötzlich spürt, wie sehr er eigentlich nur Muschel einer Schicksalsgöttin ist, und daß er sich dagegen wehren muß, daß er sich gegen dieses Schicksal auflehnen muß, indem er es einfach nicht akzeptiert. Etwa vergleichbar der Situation im Leben, wo man sich zu sehr nur noch als bestimmt vom «Schicksal» erlebt und die eigenen Möglichkeiten überhaupt nicht mehr in Betracht zieht, sondern sich dem Wohlwollen und der Fürsorge anderer ganz aussetzt, wie wir es von Depressiven kennen. Faalataitauana ist nun so erstarkt, daß er diesen Zustand nicht mehr ertra-

gen will und auf seine Würde hinweist – und auch entsprechend handelt.
Daß er dieser Ilalegagana verfällt, scheint mir logisch zu sein: nach einem Akt der Autonomie folgt ja immer wieder ein Akt der Symbiose.
Ilalegagana scheint sich mit ihrer Niederlage nicht so leicht abzufinden. Sie muß die Schuldige finden. Ich meine, daß diese Szene uns das Bild der Ilalegagana noch verdeutlichen kann: sie will die Sisialefafa backen. Ilalegagana scheint die Frau Holle der Südsee zu sein – wir haben es wirklich mit einer Manifestation des Mutterarchetypus zu tun, wobei der Aspekt der Geliebten zwar noch vorhanden ist, aber doch eher in den Hintergrund tritt. Psychodynamisch heißt das, daß Faalataitauana immer näher an den Kern des Problems kommt – wobei Sisialefafa als Entwicklungsstufe gesehen werden kann, auf die er nicht zurückfallen darf, die aber auch nicht vernichtet werden darf.
Eines Tages schickt ihn Ilalegagana weiter: er soll zur blinden Matamolali gehen, die den Eingang zum Lebensquell kennt. Und er kann mit einem Kokosblatt, mit einem Mittel aus seiner Welt, diese Matamolali sehend machen: ich denke in diesem Zusammenhang an unsern Ausdruck: «blindes Schicksal». Es ist doch erstaunlich, wenn ausgerechnet die Mutter, die am Lebensquell sitzt, blind ist. Es fällt ja schon bei Ilalegagana auf, daß sie ihre Muscheln immer an Stellen verborgen hatte, wo sie sie *nicht* sehen konnte: im Auge, auf dem Rücken, im Schoß... Sehen – und Sehen ist eine Form des bewußt Wahrnehmenkönnens – schien bisher nicht wesentlich zu sein – in symbiotischen Situationen ist ja *sehen* auch nicht gerade gefragt. Im Gegenteil: sehend wird eine Trennung zwischen dem Sehenden und Angeschauten gestiftet, und gerade das ist in der

Symbiose beängstigend. Wenn nun Faalataitauana die Matamolali *sehend* machen kann, dann bedeutet das, daß etwas in ihm, das nicht mehr gesehen hat, das keine Aussicht mehr hatte und deshalb wohl auch sich abschließen mußte, nun wieder sehend wird – und damit hängt wohl zusammen, daß nun eine Lebensquelle neu erschlossen wird.

Es ist unsere Ansicht, daß die Arbeit an einem Komplex nicht nur den verändert, der daran arbeitet – Faalataitauana hat sich verändert bei seinen verschiedenen Frauen –, sondern daß auch am Unbewußten selbst sich etwas mitverändert. Und bereitwillig macht ihm die Matamolali den Eingang zur Lebensquelle frei. – Schon die Quelle an sich gilt von altersher als Symbol für den gebärenden Mutterschoß. Es ist der Ort, wo der Reichtum der Erde, der überfließende Reichtum der Erde frei gegeben wird und dadurch auch das lebensnotwendige Wasser an die Oberfläche bringt, wo es vom Menschen gebraucht werden kann. Hier haben wir es aber noch ausdrücklicher mit einer Lebensquelle zu tun, das Leben dürfte nun also wieder hervorquellen. An der Lebensquelle kommen die Toten vorbei – hier geschildert, wie wir sie aus verschiedenen Märchen und Geschichten kennen: symbolische Darstellungen von den verschiedenen Möglichkeiten, die in einem Menschenleben nicht mitleben können, wobei es jetzt gerade darum geht, die eine Möglichkeit, die verschwunden ist – dargestellt in Sina – und die eben nicht verschwunden sein darf, zurückzuholen. Matamolali zieht sie aus dem Todeswasser und bringt sie zum Lebenswasser. Sina ist nicht unwiderbringlich verloren, sie kann zurückgeholt werden, aber nur von der Matamolali.

Nun folgt dieses eigentümliche Ritual des Untertauchens, des Schlagens und der Frage nach der Himmelsrichtung.

Untertauchen im Lebenswasser ist leicht zu begreifen, sie war ja bis jetzt vom Todeswasser umgeben, dieses muß nun abgewaschen werden und damit bestimmt auch die Sehnsucht nach dem Tode – Sina kam ja nicht freiwillig, sie wollte wieder mit den andern gehen. Schlagen hat in vielen Märchen den Aspekt, die Dinge herauszuschlagen aus den Menschen, das Böse herauszuschlagen – von da her kommt es vermutlich auch, wenn Menschen das Gefühl haben, mit Prügeln erziehen zu müssen. Schlagen hat aber immer auch den Aspekt des Einbleuens und damit des Weckens. Eingebleut werden hier die Himmelsrichtungen, wobei mit dem Westen, der Himmelsrichtung des Totenreiches, begonnen wird, und alle andern Himmelsrichtungen – Symbol für eine der Großorientierungen in der Welt der Lebenden – eingeprägt werden. Lebendig geworden ist Sina erst, als ihr alle Himmelsrichtungen eingebleut sind.
Wenn jemand aus einer sehr tiefen Regression auftaucht – und dieses Untertauchen von Sina muß als sehr tiefe Regression aufgefaßt werden –, dann ist er meistens desorientiert und braucht jemanden, der ihm die Orientierung, zumindest die grobe Orientierung, wieder vermitteln kann. Dazu gehört auch, daß Sina nun über die Gegenstände ihres Bruders auch wieder die Erinnerung an den Bruder bekommt. Gegenstände, vertraute Gegenstände, die wesentlich waren, bevor ein Mensch so sehr regrediert hat – sei dies nun eine Psychose, eine schwere Depression, ein Zustand vollkommener Abgeschlossenheit –, diese Gegenstände können den Weg ins alltägliche Leben zurück, sozusagen als Wegmarken, begleiten und erleichtern.
Bruder und Schwester finden sich nun wieder, was zuvor tot war, ist nun wieder lebendig – und jetzt ist es Zeit, daß sie in die Heimat zurückkehren. Die ganze Geschichte hat sich bis jetzt ja bei der Strudelhöhle abgespielt, die etwa so

beschrieben ist, wie wir es auch von den griechischen Eingängen zur Totenwelt her kennen: die Styx, das Wasser des Grausens, wird beschrieben als Wasserfall über eine 200 m hohe senkrechte Felswand. Beim Wasser der Styx – also angesichts des Todes – wurde geschworen, dieses Wasser aber war absolut todbringend, es konnte nur in einem Huf oder einem Horn aufbewahrt werden. Das zeigt, daß die Bearbeitung dieses Problems in einem psychischen Bereich stattgefunden hat, wo Leben und Tod – Gelingen und Scheitern – sehr nah beisammen sind. Die Frauenfiguren, die da aufgetreten sind, waren alle ausgesprochen hilfreich, aber wir dürfen nicht vergessen, daß gleich daneben der Todesstrudel sich befand.
Vermutlich ging die Entwicklung des Faalataitauana gerade deshalb so glatt, weil er sich nicht so sehr mit diesem Todesstrudel abgegeben hat, sondern sich an das Lebendige hielt. Wir therapieren ja oft auch so: wir sehen zwar durchaus die Gefährlichkeit einer Situation, hier in diesem Märchen die Gefahr, in eine todbringende Symbiose zu gelangen, die keinen Ausweg mehr in sich hat, aber wir schauen nicht ständig hin: wir bleiben zwar beim Problem, aber wir beschäftigen uns vor allem mit jenen Bereichen, die Entwicklung versprechen, die den Patienten «nähren».
Aus diesem Bereich, wo Leben und Tod so nah beisammen sind, und wo Faalataitauana die Lebensquelle gefunden hat, kehren sie nun zurück in die Heimat. Was erworben worden ist, was sich als innere Entwicklung ergeben hat, muß sich der äußeren Realität stellen – sonst würde ja wieder eine Symbiose bestehen, die Symbiose mit einem innern Fortschritt, eine Symbiose, die wir durchaus kennen. Dabei verkehrt sich dann der Fortschritt leicht in einen Rückschritt.

Die Sonne geht auf – auch hier ein Symbol dafür, daß das Leben wieder weitergehen kann –, die beiden kommen zurück – und der böse Bruder, Faalataitimea ist unterdessen gestorben, bestraft von den Göttern... Der Bruder, der diesen symbiotischen Inzest beibehalten wollte, den gibt es nun nicht mehr – das Leben kann weitergehen. Natürlich müßte nun eigentlich ein neues Märchen folgen, Sina müßte nun einen fremden Häuptlingssohn finden usw.
Ich habe nun also das Märchen zunächst als Bruder-Schwester-Märchen interpretiert: aus der anfänglich symbiotischen Situation, die darin gipfelt, daß ein Bruder-Schwester-Inzest stattfindet – was ja geradezu *ein* großes Symbol für Symbiose ist –, ergibt sich die Notwendigkeit, sich mit den Hintergründen dieser Symbiose auseinanderzusetzen, wobei Sina den Bruder an den Ort der Auseinandersetzung führt, selbst aber verschwindet. Die Auseinandersetzung muß also vom Männlichen geleistet werden. Die Auseinandersetzung sieht aus wie eine Auseinandersetzung mit einem verschlingenden Mutterkomplex, wobei das Verschlingende im Verschlungenwerden von Sina im Todesstrudel, in einer tiefen Regression, sichtbar wird. Der Mutterarchetyp zeigt sich aber nicht nur im Modus des Verschlingens, die Auseinandersetzung damit kann stattfinden, wobei es darum geht, sich zwar immer ein Stück weit verschlingen zu lassen, aber nicht ganz. Die Autonomie des Helden wird dabei immer größer: durch die Stärkung, die er erfährt, wird er autonomer, und es gelingt ihm, die depotenzierenden Wirkungen, die von diesen Frauen ausgehen – in Realität können das reale Frauen sein, mehr aber wohl die Phantasien über die Frauen und ihre verschlingende Wirkung –, zu vermeiden, bis dahin, daß er zur Lebensquelle geführt wird. Und jetzt kann auch Sina, die Schwester, die er verloren hat, die für einen we-

sentlichen Seeleninhalt stehen kann, wieder lebendig gemacht werden. Die Seite, die in ihm abgestorben war, ist nun wieder lebendig – durch Tod und Wiedergeburt durchgegangen, was sicher nicht ganz belanglos ist, denn ein solches Erleben bringt einem Menschen die Hoffnung, daß Tod und Wiedergeburt immer wieder möglich sind. Die Realisation des Erreichten soll dann in der Heimat stattfinden, also dort, wo das Problem zuvor angesiedelt war.

Man kann dieses Märchen auf verschiedenen Ebenen verstehen: einmal als Partnermärchen in dem Sinne, daß auf dem Hintergrund einer starken Mutterproblematik – wobei diese Mutterproblematik bei beiden Partnern hier vorhanden ist – eine symbiotische Beziehung sich ereignet, eine Beziehung zwischen zwei Depressiven etwa, und daß dann die Hintergründe dieser Mutterproblematik aufgearbeitet werden müssen. Dabei ist die eine Möglichkeit die, daß man einfach in eine große Regression fällt, in eine noch tiefere Symbiose, hier dargestellt durch Sinas Verschwinden, oder aber die andere Möglichkeit des Durchhaltens und langsam Autonomiegewinnens. Klienten in solchen Situationen benützen den Analytiker ja einerseits als allesspendende Mutter, bei der sie auch ihre ersten Schritte der Autonomie wagen können. Die Aufteilung in das, was der Mann tut, und das, was die Frau tut, scheint mir einfach zwei Möglichkeiten zu zeigen, die in einer realen psychischen Situation miteinander abwechseln können: einmal versinkt man, ein andermal kann man sich an das halten, was nährt.

Man kann das Märchen auch von Sina aus ansehen: Die symbiotische Ausgangssituation bleibt sich gleich, es wäre dann aber ein Modell dafür, wie ein Mensch in einer solchen Situation sich abgleiten läßt, vermutlich suizidale

Tendenzen hätte, wobei diese nicht real sein müssen: es gibt auch eine Art von psychischem Suizid, der bei symbiotisch gefärbten Menschen oft vorkommt und der darin besteht, daß dieser Mensch sich furchtbar schnell aufgibt, sich keine Chance mehr gibt. Von Sina her müßte dann auch der Hintergrund dafür erkannt werden, dieselbe Mutterproblematik. Dabei müßte sie diese Problematik dann mit ihrer männlichen Seite, die zuvor auch zu wenig autonom war, angehen.

Es bleibt nun natürlich die Frage, die ich aber erst am Schluß unserer Märcheninterpretationen wieder aufgreifen möchte: Hat Symbiose einfach mit Mutterkomplex zu tun? Und genügt es demnach, den positiven, nährenden Aspekt des Mutterarchetyps zu erfahren und ihm nicht zu verfallen, um aus der Symbiose herauszukommen?

ROTHAARIG-GRÜNÄUGIG

Ein Weg aus der Vaterbindung

Es war einmal ein Kaufmann. Eines Tages sagte er zu seinem Sohn: «Mein Junge, wenn ich sterbe, so nimm keinesfalls ‹Rothaarig-Grünäugig› in deine Dienste!» Die Zeit ging dahin, und der Vater verlor das Licht beider Augen. Er sagte: «Mein Sohn, geh und besorge dir einen Diener, damit ihr zusammen das Geschäft fortsetzen könnt; du kannst dann hingehen und Handel treiben!»

Der junge Mann ging in die Stadt; auf dem Wege sah er zwei Männer, die einen Leichnam aus einem Hause geworfen hatten und ihn schlugen. Sie sagten: «Er schuldete uns Geld und zahlte es nicht zurück. Nun ist er dahin und tot, und wir schlagen ihn wegen jener Schuld.»

Der junge Mann sagte: «Wenn ich seine Schulden bezahle, werdet ihr ihn dann in Ruhe lassen?»

«So sei es», sagten sie.

Er bezahlte ihnen die Schuld und begrub den Leichnam, warf Erde auf ihn und ging seines Weges. Danach ging er in die Stadt und wanderte bis zum Abend herum, ohne daß er einen Diener fand; so ging er wieder nach Hause.

Am nächsten Tag sah er einen Mann kommen, der vor ihm stehenblieb und sagte: «Herr, brauchst du einen Diener?»

«Ja», sagte er.

Der junge Mann sah, daß es Rothaarig-Grünäugig war, und sagte: «Tut mir leid, ich brauche dich nicht.»

Auch an diesem Tag wanderte er herum und kam heim und erzählte seinem Vater, was geschehen war. Sein Vater sagte: «Geh morgen in die Stadt und sieh zu, daß du einen Diener findest.»

Er ging in die Stadt, und wieder kam Rothaarig-Grünäugig zu ihm. Er nahm Rothaarig-Grünäugig mit und brachte ihn heim und sagte zu seinem Vater: «Ich bin überall herumgewandert, aber nirgends ist ein Mann zu haben, so nahm ich Rothaarig-Grünäugig mit.»

«Nun», sagte sein Vater, «wenn du ihn mitgebracht hast, sei es so.»

Der junge Mann stand auf und traf seine Vorbereitungen, packte seine

Ware und brach mit seinem Diener auf. Wenn sie rasteten, machte der Diener Tee für seinen Herrn, sah nach den Tieren, machte das Bett für seinen Herrn und zog das Schwert zum Bewachen der Waren.
Sie gingen dahin und kamen an eine Kreuzung. Der Junge sah einen alten Mann dort stehen, er grüßte ihn und sagte: «Alter Mann, wir gehen nach Damaskus. Hier sind drei Straßen; welches ist die nach Damaskus?»
Er sagte: «Euer Ehren, alle drei Straßen führen nach Damaskus. Auf dieser Straße braucht man sechs Monate und kommt heil und gesund an. Auf dieser Straße braucht man vier Monate, und manche kommen nicht zurück. Auf dieser Straße braucht man zwei Monate, aber niemand, der sie ging, ist jemals zurückgekommen!»
Der Herr sagte: «Diener, wir werden die Sechs-Monate-Straße nehmen!»
Rothaarig-Grünäugig sagte: «Nein, wir werden die Zwei-Monate-Straße nehmen!»
Der junge Mann sagte: «O weh! Mein Vater sagte, ich sollte Rothaarig-Grünäugig nicht zum Diener nehmen, aber ich befolgte seinen Rat nicht.»
Er wurde mit seinem Diener, der seinen eigenen Kopf hatte, einfach nicht fertig, und sie nahmen den Zwei-Monate-Weg.
Sie gingen zwei Tagereisen und ruhten sich am Abend aus. Rothaarig-Grünäugig lud die Tiere ab, bereitete das Essen seines Herrn und machte sein Bett; dann zog er sein Schwert und patrouillierte um die Waren herum.
Ein Teil der Nacht war vergangen, als er ihren Hund bellen hörte. Er sah, daß ein Drache zu ihrem Zelt gekommen war. Der Drache schrie: «Dachshund, warum tötet dich niemand und nimmt dein Gehirn heraus? Wenn ein Blinder es auf seine Augen legt, wird er geheilt sein.»
Der Dachshund schrie auch, er sagte: «Drache, warum tötet dich niemand und zermalmt deinen Schädel? Wenn ein Mann sieben Jahre räudig war und dein Gehirn auf seinen Leib legt, wird er geheilt sein!»
Rothaarig-Grünäugig hob sein Schwert und ging auf den Drachen los. Mit einem Schlag ließ er seinen Kopf fliegen. Er schnitt ihm den Kopf ab und brachte ihn herbei, legte ihn in eine Kiste und schloß sie zu und brachte sie zu den Waren.
Der Grund, warum die Leute, die auf dieser Straße gingen, niemals wiederkamen, war dieser Drache.

Der Tag brach an, er lud die Waren auf und rief seinen Herrn. Der Herr stieg auf und ritt voraus, der Diener folgte. Sie ritten immer weiter und kamen nach Damaskus. Dort nahmen sie sich ein Zimmer und verkauften von da aus ihre Waren.
Eines Tages hörten sie einen Ausrufer schreien: «Der König hat Rheumatismus, wer ihn heilt, dem wird der König geben, was immer auf der Welt er sich wünscht.»
Rothaarig-Grünäugig sagte: «Herr, du wirst sagen, daß du ihn heilen kannst.»
Sein Herr sagte: «Bursche, was weiß ich von Medizinen? Wann habe ich so etwas schon gemacht?»
Er sagte: «Ich sage dir: du wirst das sagen oder ich werde mein Schwert nehmen und dich in zwei Stücke hauen.»
Sein Herr fürchtete sich vor Rothaarig-Grünäugig, so sagte er aus Angst: «Ich werde ihn heilen.»
Der Ausrufer ging und meldete dem König: «In der- und-der Straße ist ein Kaufmann, der sagt, er kann den König heilen.»
Der König sagte: «Burschen, geht und schafft ihn her.»
Ein Diener ging und bat den Kaufmann, zum König zu kommen. Rothaarig-Grünäugig rief seinen Herrn und sagte: «Nimm diesen Drachenkopf und laß ihn in einen Mörser tun und gut zerstampfen. Nimm eine Rolle ungebleichten Kattuns und streue den Kopf ganz und gar darauf. Zieh den König aus und hülle seinen Leib in das Baumwolltuch; laß ihn vierundzwanzig Stunden darinbleiben, dann nimm es ab.»
Sein Herr ging und tat, was sein Diener ihm gesagt hatte. Als der Tag um war, nahmen sie die Umhüllung ab. Der König war so gesund geworden wie an dem Tage, als er seiner Mutter Hemdensaum verließ.
Der König schickte nach dem Kaufmann und sagte: «Komm her; bitte mich um was immer auf der Welt du dir wünschst.»
Der junge Mann sagte: «Eure Majestät zu dienen, ich brauche nichts. Ich bin reich an Besitztum. Wenn es Euch aber gefällt, mich zu belohnen, so gebt mir Eure Tochter.»
Der König sagte: «Mein lieber junger Mann, wollte Gott, du hättest mich um etwas anderes auf der Welt gebeten, aber nicht um dies. Für die Guttat, die du mir erwiesen hast – wie kann ich dir dafür meine Tochter geben? Mein lieber junger Mann, bis heute habe ich meine Tochter schon dreimal verheiratet: jedesmal hat die Ehe nur eine

Nacht gedauert; am nächsten Morgen war jeder Bräutigam gestorben.»
Er sagte: «Nun, Majestät, laßt sie tot sein, aber gebt mir Eure Tochter.» Der König gab ihm seine Tochter.
An jenem Abend machten sie in einem Zimmer ein Bett für sie. Rothaarig-Grünäugig zog sein Schwert, und als der junge Mann und das Mädchen schlafen gingen, stellte er sich zu ihren Häupten auf. Er sah, wie die beiden Zöpfe des Mädchens zu zittern begannen. Sie zuckten hin und her und verwandelten sich in eine Schlange. Aber als sie sich um den Hals des Bräutigams ringelte, um ihn zu erwürgen, schlug Rothaarig-Grünäugig mit seinem Schwert ihren Kopf ab.
Der König schlief in dieser Nacht nicht bis zum Morgen. Er sagte: «O Gott, dieser junge Mann hat mir solche Guttat erwiesen, mir ein neues Leben gegeben; laß ihn morgen am Leben sein!»
Am nächsten Morgen bei Anbruch der Dämmerung schickte er Leute hin und sagte: «Geht und beruhigt mich.»
Die Männer brachten dem König diese Nachricht: «Wir bringen dir gute Botschaft, dein Schwiegersohn ist wohl und munter.»
Der König stand auf und gab ein großes Fest, es dauerte sieben Tage und sieben Nächte. Er ließ zweimal soviel Waren, wie der junge Mann hatte, zusammenbringen und gab sie ihm, indem er sagte: «Du warst sehr willkommen; nun geh deiner Wege.»
Rothaarig-Grünäugig folgte seinem Herrn und dessen Braut; er ließ die Waren hinter sich hertragen. Gingen sie nun einen langen Weg oder einen kurzen – sie gingen, bis sie in die Nähe ihrer eigenen Stadt kamen, mitsamt ihren Waren. Rothaarig-Grünäugig sagte: «Herr, du weißt, daß all dies mein Besitztum ist.»
Sein Herr sagte: «Ja.»
Er sagte: «Laß es uns gerecht teilen.»
Sein Herr sagte: «Wie du willst.»
Rothaarig-Grünäugig ging hin und teilte ihren ganzen Besitz in zwei Teile. Dann sagte er: «Herr, ist noch etwas übrig?»
«Nein», sagte er, «was soll noch übrig sein?»
Er sagte: «Unser Dachshund ist noch übrig.»
Sein Herr sagte: «Laß ihn entweder dir gehören oder mir.»
«Nein», sagte er, «wir werden teilen.»
«Um Gottes willen», sagte er, «du kannst ihn haben, was soll er mir?»
Rothaarig-Grünäugig sagte: «Nein, es geht um das Recht; ich werde ihn spalten.»

Er zog sein Schwert und schlug den Dachshund der Länge nach in zwei Teile. «Da», sagte er, «Herr, nimm dir welche Hälfte immer du magst.»
Sein Herr sagte: «Du weißt es am besten; es ist bei dir und bei deinem Gott.»
«Recht so», sagte er. «Dies ist für dich, und dies ist für mich. Ist noch etwas anderes übrig, Herr?»
«Es ist nichts übrig», sagte er.
«O doch», sagte er. «Dein Weib ist noch übrig!»
Sein Herr war verzweifelt. «Um Gottes willen», sagte er, «laß es entweder dein Weib sein oder meines.»
«Nein», sagte Rothaarig-Grünäugig, «ich verlange Gerechtigkeit. Ich werde sie in zwei Stücke schneiden, eines für mich, eines für dich.»
Sein Herr schrie: «Um Gottes willen, wie kannst du sie in zwei Stücke schneiden?»
Rothaarig-Grünäugig zog sein Schwert und stand über dem Mädchen. Das Mädchen kreischte vor Schrecken. Als es so kreischte, kamen zwei Schlangen aus seinen Nasenlöchern.
Der Diener ging auf sie beide los und tötete beide. «Herr», sagte er, «diese beiden Schlangen waren das Werk deiner Braut. Sie hätten auch dir Schaden tun können. Nun ist dein Weib vor mir sicher. Nimm nun den Kopf des Dachshundes, trage ihn heim. Dann zerstampfe ihn gut und lege etwas davon auf die Augen deines Vaters, und sie werden geheilt werden. Ich sterbe jetzt hier; ich bin jener Mann, dessen Leichnam du vor den Männern gerettet hast. Ich bat Gott, mir noch drei Monate Lebensfrist zu gewähren, damit ich dir deine Freundlichkeit vergelten könnte. Nun muß ich sterben; begrabe mich hier, und Gott beschütze deinen Weg.»
Rothaarig-Grünäugig starb auf der Stelle. Sie legten ihn in die Erde, und der Kaufmann nahm seine Waren und sein Weib und ging heim. Er heilte die Augen seines Vaters und sagte ihm, wie Rothaarig-Grünäugig seinem Herrn nur Gutes erwiesen hatte.
Sie gingen hin, ihre Wünsche wurden aufs beste erfüllt.
Mögen auch deine Wünsche aufs beste erfüllt werden!

Dieses Märchen (24) stammt aus Kurdistan. Es zeigt uns eine etwas andere Art von Symbiose, die naturgemäß auch einen anderen Weg aus der Symbiose erfordert.

Das Märchen beginnt mit dem Kaufmann und seinem Sohn. Frauen scheint es in diesem Haushalt keine zu geben, und wenn es sie gäbe, dann sind sie so unwichtig, daß sie nicht einmal erwähnenswert sind.
Der Vater plant das Leben für den Sohn über seinen Tod hinaus. Der Vater kann also seinen Sohn nicht frei geben in die Autonomie hinein. Auch dies scheint mir wieder eine Art von symbiotischer Situation zu sein. Der Vater stirbt nun ja auch nicht, er wird «nur» blind. Diese Blindheit könnte bedeuten, daß er nicht sieht, welche Bedeutung Rothaarig-Grünäugig für seinen Sohn und für seine Zukunft haben könnte. Blind werden bedeutet, daß die Sicht verloren geht, daß Perspektiven ins Leben nicht mehr einbezogen werden können: Erinnerungsbilder sind noch vorhanden, aber neue Bilder können nicht mehr verarbeitet werden. Selbstverständlich gibt es auch das Motiv des blinden Sehers, der, da die Sicht nach außen nicht mehr stattfinden kann, in sich hinein sieht und da große Wahrheiten «sehen» kann. Vielleicht müßte dieser Vater wirklich in sich hineinsehen, sehen, wie er versucht, seinen Sohn vor etwas zu bewahren, ihn abzuschirmen vor den eigenen Erfahrungen, immerhin bewirkt die Blindheit des Vaters, daß er seinen Sohn überhaupt auffordert, sich einen Diener zu nehmen.
Der Sohn ist enorm passiv, er unternimmt nur etwas auf Aufforderung des Vaters hin. Wir kennen ja bedeutend andere Märchenhelden, die ihrem Vater erklären, es wäre ihnen zu langweilig zu Hause, er sollte ihnen nun das Geld geben, sie möchten sich die Welt ansehen oder sich eine Frau suchen usw. Der Sohn im Märchen ist in erster Linie Sohn, Fortsetzung des Vaters, und der Vater hat zu bestimmen.
Es geht in diesem Märchen darum, daß sich der Sohn vom

Vater ablösen kann und mehr Autonomie gewinnt. Aus einer mehr das Kollektiv berücksichtigenden Perspektive ginge es darum, daß eine neue Generation heranreift, daß zugleich das Väterliche oder das Männliche «erneuert» wird. Denn nehmen wir diesen Vater und den König als Repräsentanten für das Männliche, dann tut Erneuerung not: der eine ist blind, der andere rheumatisch!

Auf dem Weg zur Stadt trifft der Sohn die beiden Männer, die den Leichnam schlagen, weil er ihnen etwas schuldig geblieben ist. Der Tote ist den Lebenden etwas schuldig geblieben, er hat etwas nicht eingelöst als Lebendiger, was es einzulösen gegolten hätte. In diesem Leichnam begegnet uns, was in dieser symbiotischen Situation nicht wirklich leben konnte; zudem treffen wir auch die Männer, die schlagen, also die aggressiven Seiten beschäftigen sich mit diesem Leichnam. Die Aggression kann nicht lebensfördernd eingesetzt werden, sie beschäftigt sich mit dem, was eh schon tot ist. Ich denke da an Söhne und Töchter, denen die Eltern irgend etwas schuldig geblieben sind, bei denen irgend etwas nicht mitleben konnte – und bei wem passiert so etwas nicht? Wir könnten ja nichts Neues mehr entwickeln, wenn uns unsere Eltern alles mitgeben würden. Und diese Söhne und Töchter hadern dann ein Leben lang mit eben diesem «Leichnam» – und meinen, wenn sie nur lang genug schlagen würden, dann würde der lebendig. Das stimmt natürlich nicht – sie selbst werden höchstens unlebendiger davon. Und sie zeigen damit, daß sie noch immer wollen, daß die Eltern ihnen erfüllen, was sie nicht selber erreichen. Sie zeigen, daß sie noch symbiotische Ansprüche haben.

Es geht wohl darum, daß getan wird, was der Sohn in diesem Märchen tut: Er bezahlt die Schulden des Leichnams, er löst also ein, was dieser nicht eingelöst hat, und begräbt den Leichnam und wirft Erde auf ihn. Er befriedet das Problem, er hat für die Auslassungen seines Vaters bezahlt – und wir bezahlen alle für die Auslassungen unserer Eltern, und unsere Kinder werden wieder für unsere Auslassungen bezahlen. Und er begräbt das Problem. Vielleicht war das Schlagen in einer Beziehung auch sinnvoll: wir können ja Probleme auch zu früh begraben, bevor die Emotion, die damit verbunden ist, überhaupt erkannt und ausgehalten ist – wir können aber auch zu spät begraben. Der Sohn hier scheint zur richtigen Zeit zu begraben, ein Schlußstrich ist gezogen, das Leben kann weitergehen. Das Ritual des Begräbnisses wird ja auch gesehen als Voraussetzung für die Wandlung des Toten: indem man den Toten daran erinnert, daß er von der Erde kommt und zur Erde wieder wird, erinnert man ihn auch daran, daß er wieder neu fruchtbar werden kann.

Der erste Schritt hier aus der Symbiose ist also, daß der Sohn eigenständig etwas auslöst, was in diesem System tot war und außerdem den Lebenden etwas schuldig geblieben ist. Das würde heißen, gerade dem seine Aufmerksamkeit schenken, was im symbiotischen System *nicht* vertreten war.

Einen Diener findet er nicht. Am nächsten Tag bietet sich Rothaarig-Grünäugig als Diener an, der Sohn lehnt ab. Als er das dritte Mal nach einem Diener ausschaut, und wieder nur Rothaarig-Grünäugig zu finden ist, akzeptiert er das. Und der Vater ist auch überraschend schnell einverstanden. Wir wissen vom Ende des Märchens her, daß Rothaarig-Grünäugig der Leichnam ist, den der Sohn ausgelöst hat. Er kann sich nicht mehr gegen diesen Diener wehren, denn dadurch, daß er ihn ausgelöst hat, ist der ganze Bereich, den er verkörpert, eben «ausgelöst» und muß nun ins Leben integriert werden.

Welcher Bereich ist nun aber dargestellt durch diesen Diener? Das verrät uns sein eigentümlicher Name: Rothaarig-Grünäugig. Rot und grün sind einmal Gegenfarben: bestimmt sind in diesem Diener Gegensätze aufeinandergeprallt und in eine gewisse Ausgewogenheit gekommen. Rote Haare, grüne Augen: wäre er eine Frau, man würde von einer Hexe sprechen, das war die Kombination für Hexen. Die roten Haare zeugen von Temperament, Leidenschaft, von der Möglichkeit, affektiv zu reagieren, heftig zu reagieren, sie künden auch von Gefahr, aber auch von Wärme. In den Märchen gehören die roten Haare – und übrigens auch die roten Bärte – zum Teufel. Das sagt aber noch nicht sehr viel aus, es kommt ja immer darauf an, was man jeweils verteufelt. Und selbstverständlich kann man die Leidenschaftlichkeit, die ungestüme Lebensenergie, die auch vor aggressiven Ausbrüchen nicht scheut, verteufeln, weil man Angst davor hat. Dieses «rote» Element hat bestimmt im Leben dieses Sohnes gefehlt, sonst hätte er kaum vom Vater weggeschickt werden müssen.
Die grünen Augen stehen im Gegenstz zu den roten Haaren, sie haben etwas Geheimnisvolles, den tiefen Blick, aber auch den schwer durchschaubaren Blick. Sie weisen auf etwas Untergründiges, Hintergründiges hin, können sich aber auch in giftig grüne Augen verwandeln. Diese grünen Augen geben dem Rothaarig-Grünäugig in seinem temperamentvollen, dynamisch-aggressiven Auftreten eine Hintergründigkeit, die ihn mit Tiefe verbindet. Die Augen sind hier betont – wie beim blinden Vater –, aber hier «sehende» Augen – vielleicht auch abschätzende Augen.
Das Leidenschaftliche in seiner vollen Breite und die damit verbundene Beziehung zu den Hintergründen des Lebens haben also bisher gefehlt, das war nur noch eine Leiche – und das hat auch bewirkt, daß der Sohn so brav beim Va-

ter blieb. Jetzt aber ist diese Seite als Reisekamerad akzeptiert, das heißt, der Weg kann nun mit ihm geteilt werden, er ist immer dabei. Der Sohn ist nicht mehr allein, aber es ist auch nicht mehr eine Vaterfigur, die ihn begleitet. Es ist nun aber keineswegs der Sohn, der den Gang der Handlung weiter bestimmte, bestimmend ist Rothaarig-Grünäugig. Wo der Sohn – der symbiotischen Ausgangssituation entsprechend – die Sicherheit wählen würde, beim Weg nach Damaskus, da wählt Rothaarig-Grünäugig das Risiko: er wählt den 2-Monate-Weg, von dem noch nie jemand zurückgekommen ist. Er wählt also den Weg des möglichen Todes. Wer das Risiko wählt, muß auch mit dem Scheitern rechnen.

Rothaarig-Grünäugig kann verstanden werden als eine psychische Komponente in dem Sohn, die eine starke Wirkung hat – sie ist ja eben erst ausgelöst –, der das Ich nicht viel entgegenzusetzen hat, etwa vergleichbar jenen Lebenssituationen, in denen man das Gefühl hat, daß man sich immer hinterherrennen muß, daß etwas in einem drin schon weit voraus ist, und man dann manchmal Angst bekommt vor seinem Mut.

Rothaarig-Grünäugig wählt den Weg des Risikos und den Weg der Konfrontation. Wenn noch nie jemand zurückgekommen ist, der diesen Weg gegangen ist, dann muß er wissen, daß er da einer entscheidenden Gefahr begegnen wird. Würden sie den 6-Monate-Weg gehen, dann kämen sie sicher nach Damaskus, aber auch ungewandelt. Wege sind aber eigentlich dazu da, daß man auf ihnen etwas *erfährt,* daß sich etwas ereignet.

Und es geschieht auch sehr schnell etwas: nachts taucht der Drache auf. Dieser Drache begnügt sich aber nicht nur mit Fressenwollen, er legt sich zuvor noch mit dem Dachshund an, der die beiden begleitet. Und Drache und

Dachshund empfehlen gegenseitig, daß sie getötet werden sollten, daß man aber ihr Gehirn jeweils brauchen kann: das Gehirn des Dachshundes ist gut gegen Blindheit, das Gehirn des Drachen gut gegen Räude. Rothaarig-Grünäugig tötet den Drachen, nimmt dessen Kopf und weckt dann seinen Herrn.

Der Drache ist ein Monsterwesen, er gehört noch zur Riesenwelt und nicht zur Menschenwelt. Man denkt ihn ja als geflügelte Schlange, ein Monstrum, das sowohl dem Erdbereich angehört als auch dem Geistbereich, wobei es mit dem Fliegen nicht weit her sein dürfte. Meistens hütet er einen Schatz, aber er hütet ihn sehr gut, und es braucht viel Mut und viel Kraft oder aber List, um diesen Drachen zu töten. Man kann aber leicht von ihm gefressen werden.

Man kann den Drachen sehen als etwas tief Unbewußtes im Menschen, das alles Neue, was geschehen will, wiederum verschluckt, jeden Bewußtseinsfortschritt zunichte macht, Regression bis in archaische Schichten bewirkt. Wenn man ihn aber besiegt, dann wird irgendein Schatz frei.

Dieser Drache im Märchen spricht, er ist der Menschenwelt also schon sehr viel näher und kann deshalb auch angegangen werden. Rothaarig-Grünäugig kann ihn mit recht wenig Aufwand töten. Es geht aber nicht nur darum, daß diese Gefahr zur größten Regression – der Drache kann todbringend sein – gebannt wird: auch der Dachshund sollte eigentlich getötet werden. Der Dachshund ist ein Jagdhund, ein Dackel, der dazu abgerichtet wird, den Dachs für den Jäger aufzuspüren. Sehen wir den Dachshund als Verhaltensmöglichkeit des Sohnes, so wäre es seine hündisch treue Seite, die ihn dazu befähigt, die Befehle seines Herrn, in diesem Falle wohl seines Vaters, auszuführen, ohne große Überlegung. Der Drache könnte eine sehr

negative, den Fortschritt verneinende Verhaltensmöglichkeit darstellen, wobei diese Verhaltensmöglichkeit viel eher erlitten als gewählt würde, es wäre eine Verhaltensmöglichkeit, die von weit her über ihn kommt.
Diese beiden Verhaltensmöglichkeiten, die im Zusammenhang stehen mit der symbiotischen Phase und dem Verdrängen von Rothaarig-Grünäugig, können nun, nachdem ja dieses ganze verdrängte Problem «mitgenommen» wird und sogar wegweisend wird, aufgearbeitet werden. Das Zurufen von Drache und Dachshund erinnert mich daran, wie Komplexe, wenn sie einmal grundsätzlich gesehen sind, in sich anfangen, sich aufzuarbeiten – etwa in Träumen oder in Phantasien.
Ein junger Mann, der sehr unter der bestimmenden Art seines Vaters gelitten hatte und der als Folge davon ein extrem unausgeglichenes Selbstwertgefühl hatte, träumte folgendes: «Ein sehr protziger Typ, etwa mein Alter, lässig vergammelt, auf einer sehr starken Honda (Motorrad) trifft einen scheuen, mageren jungen Mann. Er mißt ihn schweigend mit den Augen. Der Magere steht ängstlich da und hält sich an seinem Mädchen. Da steht der protzige Typ plötzlich von seinem Motorrad auf und bedeutet dem Scheuen, er könne es einmal fahren. Der Scheue fragt das Mädchen, ob es so lange die Zeit mit dem Motorradmann verbringen wolle. Es nickt. Da übergibt der Scheue dem Protzigen das Mädchen.»
Ohne auf die interessanten Assoziationen des Träumers hier einzugehen, wird durch den Traum klar, daß die beiden Verhaltensmöglichkeiten des Träumers – protzig oder sehr scheu, dafür mit Mädchen – sich in diesem Traum annähern, Kontakt aufnehmen miteinander. Keine der beiden Figuren werden vom Träumer als Traum-Ego erkannt, es sind nur junge Männer, die in seinem Alter sind.

Diese Verhaltensmöglichkeiten sind ihm noch wenig bewußt, es sind eher komplexhaft bedingte Verhaltensweisen, das heißt, er fällt jeweils in diese Verhaltensweisen, ohne daß er will. Die Annäherung der beiden Typen findet im Unbewußten, und vom Unbewußten her intendiert, statt. Das meinte ich, wenn ich vorher sagte, daß ein Komplex in sich anfangen könne, sich aufzuarbeiten.
Sowohl Drache als auch Dachshund sollen sich nicht einfach in Nichts auflösen, ihr Gehirn, ihre Essenz wohl, soll aufbewahrt werden, mitgetragen und dann als Heilmittel verwendet werden – jede Störung, in der richtigen Dosierung, bringt auch Heilung.
Der König von Damaskus hat Rheumatismus. Er wird also recht unbeweglich sein. Es gibt eine These der Psychosomatiker, die besagt, daß eine Aggressionsgehemmtheit dem Rheumatismus mit zugrunde liegen kann. (25) Also auch der König, der Landes-Vater, ist von einer Krankheit befallen. Das Männliche schlechthin scheint geschwächt und heimgesucht zu sein – kein Wunder, wenn Rothaarig-Grünäugig eben nur noch ein Leichnam war. Der aber, der mit Rothaarig-Grünäugig aufgebrochen ist, der kann den König heilen. Selbstverständlich tut er es nicht aus eigenem Antrieb, sondern auf Drohen von Rothaarig-Grünäugig.
Wie wird der König geheilt? Der Drachenkopf muß zerstampft, das Zerriebene auf ungebleichtes Kattun gestreut werden, der König muß sich ausziehen, 24 Stunden in dieses Tuch gewickelt bleiben, und erst dann darf es abgenommen werden. Es geht hier um eine «Königserneuerung», um einen Ritus von Tod und Wiedergeburt. Der alte Mensch soll ausgezogen werden, der neue Mensch soll angezogen werden (Epheser 4,22–24). Das ungebleichte Kattun ist ursprünglich das Totentuch. Die Wandlung

aber soll erfolgen durch den zerstampften Drachenkopf. Dadurch, daß der Körper mit dieser Essenz des Drachenkopfes in Berührung kommt, soll der König in feiner Dosierung das Drachenhafte in sich aufnehmen, und dann ist es nicht ein Gift, sondern ein Heilmittel. Ich meine, es geht da darum, daß dieses Negativ-Destruktive im Drachen geduldig verarbeitet wird. Das heißt, immer wieder gesehen wird, daß dabei das Positive dahinter, die Aggression im nichtdestruktiven Sinn, durch die Poren des Königs eindringen kann.

Ich meine, daß wir immer dann destruktiv werden, wenn wir Aggressionen, im Sinne des gezielten Auf-etwas-Zugehens, durchaus auch im Sinne der Konfrontation und auch der kraftvollen Konfrontation, verdrängen. Dann bleibt plötzlich nur noch eine «Alles-oder-Nichts»-Lösung, und die ist meistens destruktiv. Der König im Märchen ist nicht destruktiv – er hat die Destruktivität verdrängt und vermutlich zu einem großen Teil seiner Tochter delegiert. Es geht darum, daß er gerade wieder lernt, um seine Destruktivität zu wissen, und daß dann das Element der Destruktivität, die gesunde Aggressivität, ihn wieder in Bewegung bringen kann, ihn also auch von seinem «Rheumatismus» befreien kann.

Dabei wird er verändert – er wird wie neugeboren. Aber auch der Sohn wird verwandelt; er wird jetzt als junger Mann angesprochen. Und wie es um die Belohnung geht, da wünscht sich der junge Mann die Tochter des Königs. Hier ist es nicht mehr Rothaarig-Grünäugig, der die Entscheidung trifft, es ist der junge Mann selbst. Der König ist ja jetzt wieder beweglich geworden, das Männliche wird heiler – und so kann auch der junge Mann autonomer werden.

Die Wahl scheint allerdings nicht ganz glücklich zu sein:

die Tochter des Königs hat schon dreimal geheiratet, am Morgen waren die Männer jeweils tot. (Vgl. auch die Tobias-Geschichte im AT: das Buch Tobit.) Wir haben vorhin gesagt, der König hätte an einer Aggressionshemmung gelitten, er war durch sein Rheuma bestimmt paralysiert – die Aggression scheint aber delegiert zu sein an seine Tochter. Dem jungen Mann scheinen jene Toten keinen Eindruck mehr zu machen – er wagt jetzt den Weg des Risikos. Was aber ist jetzt so gefährlich?
Als die beiden miteinander schlafen gehen, da beginnen die Zöpfe des Mädchens zu zittern und verwandeln sich in Schlangen. Bevor sie den Bräutigam erwürgen können, schlägt ihnen Rothaarig-Grünäugig den Kopf ab. Wir haben schon am Anfang des Märchens festgestellt, daß die Frauen fehlen, die Frauen, die ja auch dazu dienen könnten, diese Vater-Sohn-Symbiose aufzulösen. Nun ist eine Frau aufgetaucht, aber sie wurde den Männern bisher immer gefährlich. Die «verdrängten» Frauen und die verdrängten Aggressionen haben sich miteinander verbunden. Die Zöpfe werden zu Schlangen, die Zöpfe, das erotische Attribut, wobei hier die erotische Kraft auch noch ganz ordentlich gebändigt ist, gehen in Schlangenform über. Das erotische Verlangen wird zu einem sexuellen Verlangen, und das wird für den Mann lebensgefährlich. *Lebensgefährlich wohl in verschiedener Hinsicht:* Lebensgefährlich kann einmal heißen, daß die Form, die bis jetzt gültig war, nicht mehr gültig ist, daß eine Wandlung eintreten muß. In dem Leidenschaftlichen von Rothaarig-Grünäugig war bestimmt auch die sexuelle Leidenschaftlichkeit und die Körperlichkeit überhaupt abgespalten. Wenn wir nochmals die Ausgangssituation des Märchens bedenken, dann wäre es ja gerade die sexuelle Leidenschaft gewesen, die den jungen Mann vom Vater hätte wegbringen können.

Jetzt aber tritt diese sexuelle Leidenschaftlichkeit auf – und verändert den Sohn, zumindest schon dahin, daß er nun nicht mehr einfach nur Sohn ist, er ist jetzt auch Mann der Frau. Wenn er nun sterben würde während dieses Aktes, dann könnte diese Wandlung nicht stattfinden.
Das ist ein Aspekt: Ein anderer Aspekt des Lebensgefährlichen ist wohl der, daß in der Sexualität immer auch ein Moment der Selbstaufgabe ist, des Versinkens ins Orgiastische – und diese Selbstaufgabe kann auch als Tod verstanden werden – oder als Symbiose. Dieses Erlebnis kann aber auch eine sehr große Angst heraufbeschwören. Ich denke da etwa an Klienten mit einem wenig starken Ich, die Angst haben vor einem Orgasmus, weil sie sich verlieren könnten. Diese Gefahr besteht hier nun nicht mehr: Rothaarig-Grünäugig steht bei und tötet die Schlangen. Weil der junge Mann nun schon einige Erfahrungen im Emotionalen, Aggressiven zunächst gesammelt hat, kann er auch in dieser Situation dem Zerstörerischen energisch begegnen. Das Zerstörerische bestände darin, daß der Mann seine Eigenständigkeit verlöre, daß er der Frau total ausgeliefert würde – und das geschieht ja sehr leicht in Erotik und Sexualität. Und dann wird diese für ihn gefährlich.
Und jetzt wird ein Fest gefeiert aus Freude darüber, daß nun die Vereinigung von männlich und weiblich möglich ist, aus Freude auch, daß die Frau nicht mehr so übermächtig ist, daß die Männer sterben, die sich mit ihr einlassen. Dabei war die Lösung nicht die, daß die Frau schwächer wurde, sondern der Mann stärker. Und dieses Erstarken und, damit verbunden, daß nun mehr Lebensmöglichkeiten gelebt werden können, das muß gefeiert werden.
Der junge Mann wird diesmal – mit der doppelten Habe –

und mit seiner Frau – es hat also eine enorme Ausweitung seiner Persönlichkeit stattgefunden – seiner Wege geschickt. Sie treten den Rückweg an, in die Heimatstadt. Bevor sie aber diese erreichen, will Rothaarig-Grünäugig teilen. Zunächst hebt er hervor, daß alles eigentlich *sein* Besitztum ist. Das ist richtig: Dadurch, daß der Sohn Rothaarig-Grünäugig mitgenommen hat, ist er in den Besitz all dieser Güter gelangt, all dieser psychischen Möglichkeiten und Kräfte. Rothaarig-Grünäugig drängt darauf, daß geteilt wird, daß die Dinge getrennt werden voneinander. Dieser Aspekt des Trennens und des Teilens ist ein Aspekt, der in der symbiotischen Situation fehlt. Die Beziehung zwischen dem Sohn und Rothaarig-Grünäugig wirkte ja auch recht symbiotisch. Anstelle des Vaters trat Rothaarig-Grünäugig. Und nun muß diese «verschobene» Symbiose aufgelöst werden.
Das ist nun das letzte Werk von Rothaarig-Grünäugig: zu entscheiden, was ihm gehört und zu entscheiden, was dem jungen Mann gehört. Das könnte einer Situation entsprechen, wo ein Mensch sich klarwird darüber, was seinem Ich zugehört und was eben nicht seinem Ich zugehört – was also einem Aspekt von ihm angehört, der nie ganz kontrollierbar sein wird, der weit über das Bewußtsein eines Menschen reicht, wie dieser Rothaarig-Grünäugig nie ganz integrierbar sein wird. Dabei zeigt es sich, daß der junge Mann den Dachshund noch nicht geteilt haben will, damit aber auch noch nicht sehen will, was an diesem Dachshund persönliche Aufgabe für ihn ist. Teilen heißt auch immer gegenüberstellen; und wenn man die Dinge sich gegenüberstellt, dann können sie gesehen werden, Bewußtwerdung wird möglich – und der junge Mann muß sich klarwerden über seine Dachshundverhaltensmöglichkeiten. Sie müssen geopfert werden.

Aber auch die Frau soll geteilt werden. Es geht um eine Art Teufelsaustreibung: das Böse, das noch in ihr ist, soll endgültig verschwinden. Dabei ist interessant, daß die Schlangen aus der Nase fahren. Mit Nase verbinden wir natürlich in erster Linie das Atmen, diesen wichtigen Austausch von innen und außen, andrerseits sprechen wir auch davon, daß jemand «eine gute Nase» oder «einen guten Riecher» habe – und wir meinen damit ein Ahnungsvermögen auf die Zukunft bezogen. In diesen Schlangen lag nochmals die Gefahr des Zerstörtwerdens durch die Frau. Und Rothaarig-Grünäugig, der den positiven Aspekt dieser leidenschaftlichen, emotional-dynamischen Seite verkörpert, hat ja immer auch mit der destruktiven Seite gekämpft: mit dem Drachen, mit den Zopfschlangen – und jetzt mit den Nasenschlangen.

Wenn eine leidenschaftliche, dynamische Seite verdrängt ist, uneingelöst ist im Leben, dann ist es selbstverständlich, daß sie, wenn sie «ausgelöst» wird, wenn sie also eine Rolle spielen darf im Leben, nicht nur ihre positiven, konstruktiven Aspekte mit sich bringt, sondern auch die destruktiven. Dabei kann gerade der positive Aspekt davon die Möglichkeit schaffen, daß mit dem destruktiven Aspekt umgegangen werden kann.

Rothaarig-Grünäugig stirbt: Das heißt, dieser Aspekt des Lebens ist zu einem Teil integriert, der Kaufmann kann jetzt selber auch so leben wie Rothaarig-Grünäugig, es gibt aber an Rothaarig-Grünäugig einen Aspekt, der nicht integrierbar ist. Daß dadurch eine große Wandlung sich ereignet hat, zeigt sich unter anderem auch daran, daß der junge Mann nun «Kaufmann» genannt wird.

Er geht heim und heilt die Augen seines Vaters. Das kann dahin verstanden werden, daß er nicht nur bei seiner Reise etwas für sich getan hat, sondern daß die Väter ganz allge-

mein – er hat ja auch den König geheilt – nun wieder heil sind. Das alte Wort für heil ist «ganz», die Ganzheit muß vermutlich nicht mehr in der symbiotischen Beziehung gesucht werden, denn diese bietet nur eine «Schein-Ganzheit». Es ist aber auch nicht zu übersehen, daß der Sohn wieder bei seinem Vater lebt – und es stellt sich da die Frage, ob die Symbiose wirklich aufhört.
In diesem Zusammenhang muß man bedenken, daß unser Märchen ein orientalisches Märchen ist, wo die Generationen selbstverständlich zusammenleben. Es gibt allerdings vergleichbare Märchen, in denen viel ausdrücklicher dargestellt ist, daß der Sohn nun zum Träger der Familientradition wird. Zum andern ist zu bedenken, daß ein Sohn, der einen dermaßen positiven Vaterkomplex hat wie unser Held hier, diesen ja nicht einfach verlieren wird, sondern eben weiterhin in dieser Tönung den Vätern gegenüber bleiben wird. Zumindest muß man sagen, daß keineswegs mehr die gleiche Art von Symbiose vorhanden ist, wie wir sie am Anfang gesehen haben.
Versuchen wir nochmals, uns diesen Weg aus der Symbiose zu veranschaulichen: Es besteht eine symbiotische Situation zwischen Vater und Sohn, der Sohn ist das «Opfer» der Symbiose. Die Störung stellt sich beim Vater ein: er wird blind – und deshalb *muß* der Sohn eigenständiger werden.
Der erste Schritt aus der Symbiose ist, daß er den Leichnam auslöst, daß er also sieht, was im System nicht mitleben konnte, und daß er dafür bezahlt – und es begräbt. Wesentlich dabei ist, daß er etwas tut aus eigenem Ermessen – wenn es wohl auch ein Akt der kollektiven Barmherzigkeit gewesen sein mag. Damit im Zusammenhang steht der nächste Schritt: der Ungehorsam. Er nimmt den Diener, vor dem ihn der Vater gewarnt hat. Jetzt beginnt das Märchen allen «Brüdermärchen» zu gleichen, den Mär-

chen, in denen zwei Helden auftreten, die einander verstärken. In diesem Rothaarig-Grünäugig ist dem Sohn eine Begleiterfigur erwachsen, die genau weiß, was zu geschehen hat. Und der Sohn gehorcht. Er ist also auch wieder recht symbiotisch mit ihm. In Realität könnte dem entsprechen, daß ein Mensch mit Symbiosetendenzen plötzlich eine sehr kraftvolle Traumgestalt erlebt, die ausgesprochenen Führungscharakter hat und unvermerkt aus der Symbiose herausführt, und zwar über die Entwicklung der Seiten, die in der Symbiose nicht mitleben durften. Diese Traumgestalt wird wie ein innerer Bruder oder eine innere Schwester erlebt, und da der symbiotisch Gebundene ja meistens gern gehorcht, kann diese Gestalt sehr viel Einfluß auf das alltägliche Leben gewinnen.

Solche Begleiterfiguren spielten eine Rolle in den Träumen eines 36jährigen Mannes, der sehr vatergebunden war, jedes Geschäft mit seinem Vater besprach, selbstverständlich im Betrieb seines Vaters arbeitete, und wenn er einmal auswärts war oder in den Ferien weilte, täglich, zum Teil mehrmals täglich, mit seinem Vater telephonierte. Er suchte die Beratung auf, nachdem er sich mit seinem Vater besprochen hatte, weil er zwar viele Frauen kennen lernte, nie aber eine länger dauernde Beziehung aufbauen konnte. In seinen Träumen tauchte mehrmals ein Bergführer auf, den er einmal getroffen hatte. Dieser wurde sehr wichtig, weil er im Traum ihm etwa zeigte, wie eine sehr steile Wand zu umgehen war, und ihn anleitete zu mutigen Unternehmungen. Der Bergführer verwies ihn auf Werte wie Risikofreudigkeit, Mut, Treue, Einfachheit. Dadurch, daß diese Traumgestalt so wichtig wurde, verlor der Vater von seiner Wichtigkeit, der Sohn gewann an Wichtigkeit und an Lebendigkeit. Natürlich war es dann auch notwendig, daß er sich «trennte» von diesem Bergführer.

Hatte er sich über eine gewisse Zeit mit ihm identifiziert und aus dieser Identifikation großen Gewinn gezogen, mußte er auch einsehen, daß er nicht einfach dieser Bergführer war, daß er eine eigenständige Persönlichkeit war, mit noch ganz anderen Verhaltensmöglichkeiten und Werten, als sie der Bergführer verkörperte. Der Bergführer verführte ihn zu mehr Mut, als ihm eigentlich eigen war – das war notwendig für die Phase der Ablösung, das wäre aber nicht sinnvoll für seinen weiteren Lebensweg gewesen.

Eine solche Begleiterfigur kann – und wird es häufig auch – durch den Analytiker verkörpert werden. Dabei ist die Ablösesituation, das «Teilen» im Märchen, besonders gut zu beachten. Denn wenn diese Begleiterfigur auf den Analytiker projiziert wird, dann ist nicht nur der Analytiker als Begleiterfigur, die er ja wirklich ist, gemeint, sondern der «innere Begleiter» – eine Möglichkeit, die sich auch etwa in der Gestalt des beschützenden Engels immer durch die Jahrhunderte niedergeschlagen hat – wird auch im Analytiker erfahren. Dieser innere Begleiter hat aber immer einen Aspekt, der sowohl den Analytiker als auch den Ratsuchenden weit übersteigt; weder darf auf die Länge der Analytiker damit identifiziert werden, noch darf der Ratsuchende von sich verlangen, daß er nun alle diese Eigenschaften in seinem Leben realisieren können müsse. Diese Begleitergestalten sind schicksalhaft – wie Rothaarig-Grünäugig im Märchen –; Aspekte von ihnen können und müssen ins aktuelle Leben integriert werden, andere Aspekte von ihnen sind nicht integrierbar.

Durch den Entwicklungsweg mit diesem Begleiter gesundet das, was vorher krank war, der Bereich des Aggressiven, Draufgängerischen. – Gleichzeitig werden neue Bereiche erschlossen – hier die Möglichkeit der Beziehung zu-

Frau. In diesem Märchen ist schön ausgedrückt, wie in diesem Verdrängten sowohl der lebenbringende als auch der todbringende Aspekt zu sehen sind. Der Drache, der das Leben verschlingen könnte, kann als Heilmittel gebraucht werden, die Frau, die Freuden spendet, trägt noch die Schlangen in sich. Die Autonomie des Sohnes wird während dieses Prozesses immer größer.
Jetzt geht es in einem weiteren Schritt auch darum, die Symbiose mit dem Begleiter zu lösen – indem klar überlegt wird, was denn nun wem gehört. Damit ist die ursprüngliche Symbiose aufgelöst, und das Leben kann seinen Fortgang nehmen.
Man könnte dieses Märchen auch unter dem Aspekt sehen, daß ein Komplex, der abgetrennt war vom Bewußtseinsleben, an das Bewußtsein wieder angeschlossen wird. Daß die Symbiose also errichtet wurde gegen diesen Komplex. Dabei ist daran zu denken, daß so etwas, wenn es in einem Märchen dargestellt ist, auch ein Zeitsymptom sein kann. Wir kennen diesen Typus Märchen allerdings schon sehr, sehr lange (26), so daß es ein allgemeingültiges menschliches Problem behandeln muß.

DIE TOCHTER DES ZITRONENBAUMS

Ein Weg aus der Verwöhnung

Es waren einmal, und das in irgendeiner Zeit, ein weit und breit bekannter König und eine Königin, die hatten nur ein einziges Kind einen schönen Königssohn.

Als der Königssohn sechzehn Jahre alt war und die Schule besuchte war er immer mit dem Sohn des Wesirs zusammen; die beiden liebten einander wie Geschwister. Eines Tages trieben die Jungen nun ihr Spiel auf dem flachen Dach eines kleinen Hauses, in dem eine arme alte Frau wohnte – die kochte um diese Zeit gerade ein Linsengericht. Ohne daß er es beabsichtigt hatte, warf der Königssohn beim Spiel einen Stein in den Kamin, und der fiel auf den irdenen Topf der Alten und brach ihn in Scherben. Da lief die arme alte Frau aus ihrem Haus, und als sie die Jungen auf dem Dach erblickte, rief sie dem Königssohn zu: «So wie ich ein Verlangen hatte, die Linsen zu essen, die ich eben kochte, sollst du dir die Tochter des Zitronenbaums wünschen!» Da rannten die Jungen erschrocken davon – und da es schon dunkel wurde, ging jeder in sein Haus.

Von dem Tage, an dem er diese Worte der Alten zu hören bekommen hatte, begann der Königssohn zu grübeln... er wollte weder essen, noch konnte er Schlaf finden. Die ganze Nacht über wälzte er sich in seinem Bette hin und her und ächzte und stöhnte, so daß sich der König große Sorgen um ihn machte und den Hofarzt rufen ließ und später noch andere Ärzte und wieder andere. Aber die konnten auch nicht herausbekommen, was dem Königssohn eigentlich zugestoßen war. Da hielt es sein Freund, der Sohn des Wesirs, der von der Ursache der Krankheit wußte, für angebracht, dem König alles zu sagen. Und nun gaben der König und die Königin ihrem Kind das Versprechen, sie würden ihm die Tochter des Zitronenbaums bringen. Da fing der Königssohn an, wieder so gesund zu sein wie vorher auch.

Kaum war er von seinem Krankenlager aufgestanden, so machte er sich schon auf und besuchte die alte Frau in ihrem Häuschen. Zuerst bat er sie um Verzeihung, weil er ihr Schaden zugefügt hatte, und dann bat er sie, ihm doch zu sagen, wo er denn die Tochter des Zitronenbaums finden könnte. Die Alte wollte es anfänglich nicht verraten, aber dann, als er versprochen hatte, sie würde eine große Belohnung von ihm bekommen, sagte sie doch zum Königssohn: «Hör zu, mein Kind, die Tochter des Zitronenbaums ist in weiter Ferne. Und wenn du ausziehen willst, um sie zu suchen, mußt du dir drei Paar eiserne Schuhe machen lassen, von denen jedes Paar nur ein Jahr halten wird. Du mußt also drei Jahre lang auf Wanderschaft sein, allein und zu Fuß, und immer ostwärts mußt du gehen, immer in der Richtung, in der die Sonne aufgeht. Ohne Rast zu machen, mußt du gehen. Im ersten Jahr wirst du das erste Paar verbrauchen, dann wirst du das zweite für das zweite Jahr anlegen und das dritte für das dritte Jahr. Wenn das dritte Jahr gerade eben um ist, wird auch das dritte Löcher bekommen, und dann wirst du an einen überaus schönen Palast gelangen, und in dem ist die Tochter des Zitronenbaums zu finden.» Voller Freude sagt nun der Königssohn der Alten seinen Dank (er gibt ihr die Belohnung) und läuft eilends zu seinen Eltern, um es ihnen zu erzählen.

Den Eltern aber machte, was sie da zu hören bekamen, Kummer und Schmerz. Sie fürchteten ihn zu verlieren, wenn er wirklich zu einem solchen Abenteuer auszog. So versuchten sie auf alle nur mögliche Weise, ihn davon wieder abzubringen, doch er wurde nicht anderen Sinnes. Er blieb beharrlich dabei – und schließlich ließen sie es zu, damit er nicht wieder krank würde.

Fröhlich zog nun der Königssohn fort..., doch der König und die Königin legten schwarze Kleider an, weil sie nicht wußten, ob sie ihr Kind je wiedersähen.

Der Königssohn trägt das erste Paar Schuhe und läuft über Berge, durch Schluchten, Ebenen, Flüsse, Wälder – steil hinauf, steil hinab, ohne irgendwo Rast zu machen. Nur wenn es Nacht wurde, legte er sich schlafen, und in aller Frühe machte er sich von neuem auf den Weg. So geht das erste Jahr herum, das erste Paar Schuhe wird löcherig, und im zweiten Jahr zieht er die anderen Schuhe an und läuft weiter. Auch das zweite Jahr geht herum, und das dritte kommt. Er hat das dritte Paar angelegt, und seine Wanderschaft geht weiter...

Weil er nun nirgendwo ein Schloß erblickt, beginnt ihm der Mut zu sinken, und er setzt sich nachdenklich auf einen Stein und überlegt hin und her, was er nun machen soll. Soll er umkehren oder weiterlaufen? Und wie er noch so sitzt und denkt – es war gerade um die Zeit, da

die Sonne im Sinken zum König wird –, sieht er mit einemmal etwas rechts von sich in der Ferne ein hohes, überaus schönes Schloß. Das blitzte und glänzte und leuchtete.
Frohgemut eilt der Königssohn hin und kommt auch an die Stelle. Er tritt in das Schloß ein – und was erblickt er da? einen Haufen Menschen, die alle möglichen Handwerke ausführen…, aber keiner blickt den anderen an, und keinem kommt ein Wort aus dem Mund. Er grüßt sie und tritt an sie heran, aber auch nicht einer dreht sich um, und auch nicht einer erwidert seinen Gruß, so daß der Königssohn ganz betroffen ist, weil niemand ihm Beachtung schenkt. Und wieder sinkt ihm aller Mut. Aber da hört er mitten in diese Bestürztheit hinein plötzlich eine Stimme, die zu ihm spricht: «Gutes Kind, hier komm her – ins obere Stockwerk!» Da faßt er gleich wieder Mut, er rennt, so schnell er kann, die Treppe ins obere Stockwerk hinauf, und dort erblickt er einen jungen Mann, der ebenso alt wie er selber ist. Den grüßt er, auch der grüßt ihn und stellt Fragen an ihn, denn er will wissen, warum er in dieses Schloß gekommen ist. «Um der Tochter des Zitronenbaums willen bin ich gekommen», sagt der Königssohn. Und der junge Mann gibt zur Antwort: «Die Tochter des Zitronenbaums wird dir gehören – aber heute abend kannst du sie noch nicht sehen. Iß nun gut, schlaf, und morgen werden wir uns wieder treffen und darüber sprechen.»
Nun will der Königssohn noch etwas über die anderen im Schloß erfahren, über die Handwerker…, ob die taub wären und stumm dazu, daß sie ihn nicht wiedergrüßen könnten. «Das sind die Lenker der Geschicke anderer Menschen. Ich aber bin *dein* Schicksal. Iß nun – wie ich dir schon gesagt habe –, schlaf, und du wirst bekommen, wonach dir so verlangt!»
Da legte sich der Königssohn in ein weiches Bett – aber wo blieb der Schlaf? Noch nie in seinem Leben war ihm eine Nacht so lang vorgekommen. Endlich wurde es wieder Tag, und er stand auf, wusch sich, sprach sein Gebet und ging in den Eßsaal hinüber… und dort erblickte er einen Tisch voll mit allen guten Dingen. Den hatten unsichtbare Hände für ihn hingestellt. Aber zum Essen hat er gar keine Lust – die Tochter des Zitronenbaums will er sehen!
Um diese Zeit kommt auch der andere Jüngling, sein Schicksalsgeist, und spricht zu ihm: «Greif zu, damit du Kraft hast, denn die Reise, die du tun wirst, ist schwer!» Kaum hat der Königssohn aufgegessen, da klatscht auch schon jener Jüngling, das Schicksal, in die Hände –

und gleich erscheint ein geflügeltes Pferd, das eine menschliche Stimme hat. Nun sagt das Schicksal zum Königssohn, er sollte sich rittlings aufs Pferd setzen und blind auf das hören, was es zu ihm spreche, damit er Sieger bleibe.

Er schwingt sich also rittlings auf das Pferd, setzt sich fest darauf, hält sicher die Zügel..., das Pferd fliegt, und eins... zwei – wie der Blitz ist er schon in einem Garten angekommen! Und in dem Garten steht ein großer Zitronenbaum, und der trägt drei Zitronen, und vierzig Riesen bewachen ihn.

Als sie dort angekommen waren, sagte das geflügelte Pferd zu dem Königssohn: «Die riesigen Menschenungeheuer, die du hier siehst, bewachen den Zitronenbaum, damit ja niemand die Zitronen wegholt, denn in einer jeden von ihnen ist die Tochter des Zitronenbaums. Halt dich gut fest! Ich werde nach unten zu lossausen, und wenn ich seitlich am Zitronenbaum vorbeikomme, sollst du voll Kraft mit der Hand nach der einen Zitrone greifen.»

Der Königssohn machte es genauso, wie das Pferd es ihm gesagt hatte. Und als er neben die Zitrone gelangte, ergriff er sie. Und dann ging's weiter. Da fängt der Mutterbaum zu schreien an, die riesigen Menschenungeheuer rennen hin und her, aber – sie sehen nichts!

Und so gelangt der Königssohn mit der Zitrone in der Hand in das Schloß, und dort trifft er den kräftigen Jüngling, seinen Schicksalsgeist. Als er abgestiegen ist, eilt das geflügelte Pferd davon, und das Schicksal spricht: «Schneide die Zitrone vorsichtig auf!» Er schnitt also die Zitrone behutsam auf, und gleich sprang ein schönes Mädchen mit goldenen Haaren daraus hervor! Und der Königssohn umarmte und küßte es.

Nun tauchte auch das Schicksal wieder auf und sprach zu dem Königssohn: «Du würdest noch einmal drei Jahre brauchen, um in dein Heimatland zurückzukehren; darum will ich gebieten, daß das geflügelte Pferd kommt und euch hinüberbringt.» Gleich danach erschien nun wirklich das geflügelte Pferd, und kaum hatte sich der Königssohn mit der Goldhaarigen daraufgesetzt, da waren sie auch schon in der Stadt seines Heimatlandes.

Als nun all die Menschen sie mit dem geflügelten Pferd über der Stadt erblickten, wurden sie von Staunen und Verwunderung ergriffen. Und als die beiden dann vom Pferd gestiegen waren, bereiteten sie ihnen einen glanzvollen Empfang. Der König und die Königin schlossen ihren Sohn in die Arme – und die goldhaarige Tochter des Zitronenbaums auch. Und sogleich wurde feierlich das Verlöbnis geschlossen. Der alte König überließ den Thron seinem Sohn, und dann feierten sie auch die Hochzeit zusammen.

Doch lange Zeit mit seiner Goldhaarigen zusammenleben konnte der tüchtige, tapfere Königssohn nicht; darin hatte ihn das Glück nicht begünstigt. Er mußte bald in den Krieg ziehen, den ihm ein Nachbarkönig erklärt hatte. Bevor er auszog, ließ er einen hohen festen Turm erbauen, und in den setzte er die Goldhaarige hinein. Und um den Turm herum stellte er Männer auf, die mußten die Goldhaarige bewachen; und einer Magd vertraute er an, ihr treu zu dienen.

Während der Königssohn nun im Kriege ist, sitzt die Goldhaarige im Turm, ist betrübt und seufzt... Und eines Tages, als sie wieder so am Fenster sitzt, überkommt sie tiefer Schlaf. Da greift die böse Magd, die das zu sehen bekommt, zu und stößt sie aus dem Fenster. Dann läuft sie hinunter, schafft sie in aller Stille fort und wirft sie in einen tiefen Teich voll angestauten Wassers, wo sie kein Mensch finden kann. Die Haare hatte sie ihr abgeschnitten und mit großer Geschicklichkeit an ihrem eigenen Kopf befestigt, denn sie wollte selber schön aussehen. Nun, nachdem sie auch die goldenen Kleider der Goldhaarigen angezogen hatte, trat sie als Königin auf – niemand aber merkte etwas von der Untat, die sie begangen hatte.

Als die Magd dies alles ausgeführt hatte, kommt der Königssohn aus dem Krieg und begibt sich in den Turm, um seiner Goldhaarigen gegenüberzutreten. Statt aber die Tochter des Zitronenbaums, die Goldhaarige, zu Gesicht zu bekommen, sieht er eine Dunkelhäutige vor sich – und die bestand darauf, *sie* wäre seine Frau. Ihre Haut hätte nur durch die Galle, die sich während seiner Abwesenheit in ihren Körper ergoß, eine bräunliche Farbe bekommen. Der Königssohn spürte wohl, daß sich mit dem Turm irgendein Geheimnis verband, und Traurigkeit riß Sprünge in sein Herz.

Die Goldhaarige mit der bräunlichen Hautfarbe bemühte sich, hold und anziehend zu sein, und versuchte auf tausenderlei Weise, seine Liebe zu gewinnen – das aber bekam sie nicht fertig. Als der Königssohn einmal an dem Fenster saß, an dem so oft die goldhaarige Tochter des Zitronenbaums gesessen hatte, sah er unten im Stauteich einen goldenen Fisch schwimmen – mit so feiner Anmut, daß ihm das zu Herzen ging und ihn große Freude erfüllte, wenn er nur hinsah. Fortan verbrachte er dort seine Tage, bis die durchtriebene Magd auf den goldenen Fisch aufmerksam wurde und gleich dahinterkam: das war

die Goldhaarige selber. Und nun trachtete sie danach, auch im Wasser auf die Tochter des Zitronenbaums Jagd zu machen.
Eines Tages stellte sie sich, als ob sie krank wäre, und erbat vom Königssohn, er möchte ihr doch den goldfarbenen Fisch zu essen geben; denn durch dieses Mittel und diese gute Gelegenheit hoffe sie zu ihrer früheren Schönheit zu gelangen. Da befahl der Königssohn, man sollte den Fisch fangen und kochen und ihn der kranken Goldhaarigen zu essen geben. Die aß ihn mit großer Lust ganz und gar auf, denn die Dunkelhäutige glaubte, so könnte sie entwischen und ihre Untat würde für immer zugedeckt. – Die Gräten des Fisches aber warf sie zum Fenster hinaus. Und noch am gleichen Abend schoß dort ein Eukalyptusbaum hervor, und dessen Blüte wuchs so in die Höhe, daß sie bis an das Fenster reichte, an dem der Königssohn saß. Und sie neigte sich hinein, als wollte sie sein Gesicht sehen.
Der Königssohn empfand für den Eukalyptusbaum die gleiche Liebe und Zuneigung, die er schon für den goldenen Fisch empfunden hatte. Das entging der Dunkelhäutigen nicht, und sie wies den Gärtner an, den Baum umzuhauen. Als der Gärtner nun aber mit Axthieben auf den Stamm des Eukalyptusbaums einschlug, war eine Stimme zu hören, die sprach: «Schlag behutsam mit deiner Axt, sieh dich vor, damit du mich nicht triffst!» Dem Gärtner blieb die Sprache weg, er schlug ganz vorsichtig auf den Stamm ein, und immer wieder hörte er: «Sieh dich vor, denn hier drin ist deine Herrin…» Als er nun bis zur Mitte des Stammes vorgestoßen war, merkte er, daß der Stamm eine Höhlung hatte – und daraus trat auch schon in ihrer Schönheit die Goldhaarige hervor. Und die flehte den Gärtner an, er sollte sie ja nicht verraten und sie für eine kurze Zeit in seinem Haus verbergen. Und so geschah es.
Von dem Tage an, an dem der Baum gefällt wurde, legte sich der Königssohn krank ins Bett, und weder essen noch trinken wollte er. Nun kochte die Goldhaarige aus einem Huhn eine gute Suppe und sandte sie durch den Gärtner hin. Und der treue Gärtner brachte die Suppe zum Königssohn und bat ihn, doch zu essen, aber der schlug es ab. Der Gärtner blieb beharrlich dabei, ihm die Suppe zu reichen, und äße er auch nur einen Löffel voll… Schließlich gab der Königssohn nach, und als er den ersten Löffel voll genommen hatte, fand er den Ring der Goldhaarigen, und er rief aus: «Das ist der Ring meiner Goldhaarigen! Wie kommt der hierher?» Da sagte ihm der rechtschaffene Gärtner die volle Wahrheit, und sogleich wurde der Königssohn wieder guten

Muts. Er ging in das Haus des Gärtners, fand dort seine Goldhaarige, und nachdem er sie lange Zeit in seinen Armen gehalten und sie geküßt hatte, bat er auch sie, ihm die ganze Wahrheit zu sagen.
Und als er sie erfahren hatte, rief er seinen Rat der Zwölf zusammen, um über ein großes Verbrechen zu Gericht zu sitzen. Als sich das Volk nun rings versammelt hatte, erhob er sich und sprach: «Einst hatte ein Gärtner einen Apfelbaum, der trug erwählt gute Äpfel, und der Gärtner wurde neidisch auf ihn. Und anstatt die Frucht zu pflücken, fällte er mit ihr zusammen den ganzen Baum – und so starb der ab. Jetzt frage ich euch und fordere euch auf, ein jeder soll mir seine Meinung über diesen Gärtner sagen.»
Als erste stand die ungetreue und herzensharte Dienerin auf, der nicht in den Sinn kam, daß es um sie selber ging. Und sie sagte: «Diese Tat ist des Todes wert!» Und sie schlug sogar noch vor: der Gärtner müßte auf zwei wilde Pferde gebunden werden, und die sollten dann in entgegengesetzter Richtung losgehen, weil sie so erst eine lange Weile schinden...
Da stand jedoch der Königssohn auf und sprach vor allem Volk von dem bösen Verhalten der Dienerin. Und alle verlangten nun, sie sollte auf die gleiche Weise zum Tode befördert werden, die sie selber vorgeschlagen hatte... Und so fand die Dienerin, der nicht Dank und Gnade innewohnte, das Ende, das zu ihr gehört.
Den Rest ihres Lebens verbrachten der Königssohn und seine Goldhaarige in Freude und Glück.

Dieses Märchen (27) stammt von der griechischen Insel Rhodos. Es schildert uns zu Beginn eine sehr glückliche Königsfamilie, König und Königin sind weit herum bekannt – sie haben zwar nur ein Kind, dafür aber ein schönes. Problematisch wird die Situation erst, als der Königssohn 16 geworden ist, als er anfängt, mit dem Sohn des Wesirs, den er wie einen Bruder liebt, zu spielen. Denn ganz ohne Absicht wirft der Königssohn einen Stein durch den Kamin, und der trifft den Topf einer alten Frau, so daß dieser in Scherben bricht. Und jetzt trifft die Verwünschung den Königssohn: so wie sie Verlangen hatte, die

Linsen zu essen, so soll er vom Verlangen nach der Tochter des Zitronenbaums gepackt werden. Und der Königssohn beginnt zu grübeln, ißt nicht, schläft nicht und wird krank.

Das ist die Ausgangssituation in unserem Märchen. Die Familie war so glücklich – scheint es, bis der Sohn anfängt, mit dem Sohn des Wesirs zu spielen. Dieser bringt eigentlich die Geschichte ins Rollen. Die beiden werfen Steine. Es werden harmlose Aggressionen geübt, und bei diesem Spiel wird auf dem Herd ein Topf zerschlagen. Der Stein mußte ja durch diesen Kamin fallen. Es wird sichtbar, was hinter dieser glücklichen Familie steckt – oder *unter* ihr: ein Topf, in dem die Linsen lange gekocht werden. Der Herd gilt als Zentrum des Hauses, wo die Speisen zubereitet werden, wo natürliche Verwandlungsprozesse stattfinden. Er ist ein Bereich der Mutter, hier dadurch ausgedrückt, daß die alte Frau in einem Topf kocht – der Stein fällt also direkt ins Zentrum des Mutterkomplexes –, wobei die Mutter hier als sorgsam bewahrend geschildert wird. Auch der Topf ist ein Symbol für das Bewahrende, Zusammenhaltende. Es ist anzunehmen, daß der Topf da unten ein Bild für die Familiensituation oben ist: eine Familie, die eigentlich einen «Familientopf» bildet, wo möglichst lange alles beisammenbleibt, alles immer in schönster Ordnung ist. Daß die Familie ihren Sohn vor dem Leben bewahren will, zeigt sich auch darin, daß sie ihm sofort versprechen, ihm die Prinzessin herzuschaffen. Er ist dann auch gleich zufrieden. Ich meine also, daß wir es mit einer von Überfürsorge geprägten Familiensituation zu tun haben. Auch daß der Königssohn erst mit 16 anfängt, mit dem Sohn des Wesirs zu spielen, zeigt, wie sehr die Eltern bemüht waren, ihren Sohn im «Topf»zu behalten, solange es nur angehen mochte. Der Sohn des Wesirs verkörpert so etwas wie eine Bruder-Figur, die immer dann auftaucht und wichtig wird, wenn ein Bewußtseinsfortschritt zu leisten ist. Er scheint ja auch unbedenklicher mit seinen an sich harmlosen Aggressionen umgehen zu können. Er bringt Expansion ins Leben des Königssohnes, dabei geht aber der Topf in Scherben.

Wie reagiert aber der Königssohn auf den Ausspruch der Alten? Er wird sofort depressiv, er grübelt, er ißt nicht, er schläft nicht – er wagt offenbar auch nicht, seinen Eltern zu sagen, was vorgefallen ist. Er wird einfach spüren, daß er jetzt weggehen muß, daß er etwas finden muß, von dem er keine Ahnung hat, was es ist und wo es zu finden ist. Ich meine also, wir hätten da eine Familiensymbiose, die bewirkt, daß der Königssohn sehr leicht depressiv wird, wenn eine Veränderung von ihm gefordert wird. Er wird aber nicht nur sehr leicht depressiv, er ist auch sehr leicht zufriedenzustellen. Die Eltern, überfürsorglich wie sie nun einmal sind, versprechen ihm, die Tochter des Zitronenbaums herbeizuschaffen – und das läßt ihn gleich wieder gesund werden. Trotzdem geht er nachher selbst zu der Alten, bittet sie um Verzeihung und bittet sie, ihm den Weg zu nennen.

Es geht aber nicht nur darum, daß die Tochter des Zitronenbaums gefunden wird: In ihrer Verwünschung hat die alte Frau auch ausgedrückt, welcher Art seine Beziehung zu dieser Tochter sein wird, welches Muster also die Beziehung prägen wird: Ihr Verlangen wird ja nicht gestillt – und so soll wohl auch sein Verlangen nicht gestillt werden, die Sehnsucht nach etwas, das kaum zu erreichen ist, soll ihn herumtreiben. Wenn er aber die Tochter des Zitronenbaumes findet, dann dürfte er von dem Wunsch beseelt sein, diese zu «essen», so wie die Frau ihre Linsen essen wollte.

Das scheint mir auch eine recht verbreitete symbiotische Situation zu sein: Aus einer familiären Verwöhnungssituation heraus wird das Bild des künftigen Partners zu einem fast unerreichbaren Idealbild hochstilisiert, mit dem man dann natürlich verschmelzen möchte. Diese fast unerreichbare Sehnsucht kann sich aber auf alle andern Lebensgebiete auch übertragen. Scheint die Sehnsucht sich überhaupt nicht zu erfüllen, wird man depressiv, scheint sie sich zu erfüllen, wird man hypomanisch.

Mit ihrem Ausspruch sagt die alte Frau auch aus, wie sehr dieser Königssohn unter ihrem Gesetz steht, nämlich unter dem Gesetz des Mutterkomplexes, bei dem es in dieser Ausformung hier um Bewahren geht und um Essen – und um die Sehnsucht nach etwas, das kaum zu realisieren ist.

Drei Jahre muß er auf Wanderschaft sein, drei Paar eiserne Schuhe durchtragen, immer gegen Osten gehen – und allein bleiben. Zudem soll er auch noch ohne Rast gehen. Nach dem dritten Jahr würde er die Tochter des Zitronenbaums finden.

Für diese wahrhaft nicht sehr ermutigende Auskunft bedankt sich der Königssohn voll Freude und erzählt gleich seinen Eltern, was er zu tun hat. Die wollen ihn natürlich nicht verlieren, versuchen ihn davon abzubringen, lassen es aber schließlich doch zu, damit er nicht wieder krank wird. Die Überfürsorglichkeit wird wieder sichtbar. Während der Königssohn fröhlich wegzieht, ziehen die Eltern schwarze Kleider an: Sie trauern schon auf Vorschuß und befürchten das Schlimmste.

Sie haben natürlich auch zu trauern, denn der Familientopf ist zerbrochen. Es wird aber doch klar ersichtlich, wie in dieser symbiotischen Gemeinschaft die Neigung zu depressivem und hypomanischem Verhalten sehr groß ist. Daß der Königssohn fröhlich seines Weges zieht, trotz der

Schuhe aus Eisen, die er da sich anziehen muß für 3 Jahre, zeigt, daß er seine Situation nicht realistisch einschätzt. Was bedeuten eiserne Schuhe? Es sind schwere Schuhe, die einen schweren Schritt machen werden, es sind Schuhe, die ihn auf den Boden ziehen. Das scheint nötig zu sein, gespielt hat er ja auf den Dächern, und auch sonst scheint ihm das Prinzip der Realität nicht allzuviel zu sagen. Eisen ist das Metall von Mars, dem aggressiven Kriegsgott. Ein Stück Aggression dürfte notwendig sein für das eiserne Durchhalten, das von ihm gefordert ist, ohne daß ihm gleich wieder jemand zu Hilfe käme. Aushalten, durchhalten, in der Realität bleiben, unbeirrt seines Weges ziehen immer nach Osten, also immer zur aufgehenden Sonne hin – das ist von ihm gefordert.

Das ist der erste Schritt aus dieser Fürsorglichkeit heraus Und dieser Schritt – er wird von jedem gefordert, der aus so einem Familientopf kommt –, die Sehnsucht nach dem fast Unerreichbaren, treibt ihn auf diesen Weg, der ihm meistens recht sauer wird. Der Weg des «einfachen Lebens». Er darf auch nicht rasten; rasten brächte die Gefahr der Regression. Der Weg ist übrigens durchaus seinem Wesen gemäß, einmal steil hinauf, dann wieder steil hinab. Aber er hält durch: Hier zeigen sich auch die positiven Kräfte dieses Familientopfs: er tut, was die alte Frau ihm sagte, ohne lange zu fragen – und er hält durch.

Er hält durch, bis ihm der Mut wieder einmal zu sinken beginnt – bei Sonnenuntergang. Da sieht er das Schloß, und «frohgemut» eilt er – mit Eisenschuhen – zum Schloß. Es ist das «Schicksalsschloß», zu dem er gefunden hat. Da wird nicht nur über sein Geschick bestimmt, da wird auch über das Geschick aller anderen Menschen bestimmt. Aber die Handwerker, die da sind, sehen sich nicht an, sprechen nicht miteinander: wenn es das Schicksalsschloß der Menschen ist, dann müßten die Schicksale seltsam unverknüpft sein – im Gegensatz zur starken Verknüpfung beim Königssohn zu Hause. Und weil der Königssohn so gar nicht beachtet wird, sinkt ihm schon wieder aller Mut. So ein Familientopf bringt natürlicherweise viel Beachtung mit sich, und so ist es schmerzhaft, wenn diese Beachtung ausfällt.

Er bekommt aber die Beachtung doch noch: Aus dem oberen Stockwerk kommt die Stimme: «Gutes Kind, hier komm her...» Er trifft da einen jungen Mann, so jung wie er, der sich selber als «sein Schicksal» bezeichnet. Wir haben es mit einem griechischen Märchen zu tun; die Griechen kannten nach Plato schon den Daimon, ihren persönlichen Schutz- und Schicksalsgeist. (28) Er ist ein Seelenführer, verkörpert das Gesetz, nach dem man angetreten ist, kennt die Zukunft und ist mit dem Weltgeist verbunden. Auch dieser Schicksalsgeist sitzt an dem Ort, wo über das Schicksal entschieden wird, und auch er scheint die Zukunft zu kennen, denn er verspricht ihm die Tochter des Zitronenbaums. Die Sehnsucht soll gestillt werden.

Der lange, einsame Weg sollte ihn also dazu bringen, zu erleben, was sein ganz persönliches Schicksal ist, was von ihm gefordert ist, unabhängig von dem, was die andern von ihm fordern würden. Er muß *sein* Schicksal finden – und er findet es auch. Das scheint mir ein weiterer, wesentlicher Schritt aus der Symbiose heraus zu sein: der Weg zu *seinem* Schicksalsgeist. Nun ist der aber auch sehr stark vom Mutterkomplex geprägt, spricht er ihn doch an mit «mein Kind» und hat nichts Besseres zu tun, als ihn auf Essen und Schlafen aufmerksam zu machen. Dabei ist er gleichaltrig! Es ist nicht die Rede davon, daß dieser Mutterkomplex durch das dreijährige Wandern aufgearbeitet wäre. Der Königssohn will aber nicht mehr essen und schlafen, er will jetzt die Tochter des Zitronenhaumes haben – ein Fort-schritt ist erzielt!

Der Schicksalsgeist, der andere Jüngling, klatscht in die Hände, und ein geflügeltes Pferd mit menschlicher Stimme erscheint. Wir kennen aus der Mythologie ein geflügeltes Pferd, den Pegasus. Pegasus ist aus der Verbindung von Poseidon und Medusa entstanden. Poseidon ist der Gott des Meeres und gilt als «Erderschütterer», wenn er mit seinen Pferden auftaucht – er verkörpert also einen ausgesprochen dynamischen Aspekt, während die Medusa ja jeden versteinert, der sie anblickt. Pegasus ist also das Produkt von einer ausgesprochen dynamischen Triebkraft – und einer enormen Lebenshemmung; selber wieder dynamisch – aber mehrheitlich im Bereich der Lüfte. Einmal in seinem Leben stampfte Pegasus eine Quelle aus dem Boden; es ist eine den Musen heilige Quelle, deshalb sieht man in ihm auch immer eine schöpferisch dynamische Kraft. Als Pferd ist er der Erde verbunden – die Flügel verbinden ihn dem Luftbereich.

Wir sprechen davon, daß wir uns auf den Flügeln des Pegasus befinden, wenn wir von einer schöpferischen Imagination erfaßt werden. Wir sprechen ja auch von der «Vorstellungskraft» – und hinter unseren Imaginationen ist ja eine enorme Triebkraft verborgen. Immer dann, wenn uns eine starke Triebkraft ergreift und diese gleichzeitig gehemmt wird, sich nicht in der Realität verwirklichen kann, dann neigen wir dazu, uns auf die «Flügel des Pegasus» zu setzen, uns in unserer Vorstellung wenigstens zu realisieren. Das kann sehr positiv sein im Sinne eines Probehandelns, und es kann negativ sein im Sinne der Flucht vor der Realität. Ob sich diese Imagination als lebenshemmend oder lebensfördernd erweisen wird, hängt davon ab, wie die Vorstellung nachher in die Realität gebracht wird, mit dem alltäglichen Leben verknüpft wird. Der Königssohn in unserm Märchen scheint mir nun auch von einer schöpferischen Imagination erfaßt zu werden. Er soll sich aufs Pferd setzen und blind auf das hören, was das Pferd ihm sagt. Wir wissen schon vom Anfang des Weges, daß der Königssohn blindes Vertrauen hat – zu sich und zu den andern –, solange irgendein Ausweg sich zeigt; wenn kein Ausweg sich zeigt, fällt dieses Vertrauen sofort zusammen: Vorteil und Nachteil seiner von Überfürsorglichkeit geprägten symbiotischen Familiensituation. Und jetzt setzt er zu einem richtigen Höhenflug an. An sich – gemäß Plato – wäre schon der Schicksalsgeist an «überhimmlischem Orte» anzutreffen. Jetzt aber, mit dem geflügelten Pferd, hebt er vollends ab. Sie kommen zu einem Garten, darin steht ein Zitronenbaum mit drei Zitronen, und die werden von 40 Riesen bewacht. In jeder Zitrone ist die Tochter des Zitronenbaums, die Riesen bewachen sie, aber die Riesen sehen offenbar nicht, was von oben kommt, und so kann der Königssohn, indem das geflügelte Pferd heruntersaust, eine Zitrone ergreifen. Der Mutterbaum schreit, die Menschenungeheuer rennen herum – aber sie sehen nichts. Der Königssohn hat seine Zitrone – und der Schicksalsgeist befiehlt ihm, diese entzweizuschneiden, und aus der Zitrone wird ein schönes Mädchen mit goldenen Haaren.

Der Ort, wo das Flügelpferd den Königssohn hinbrachte, erinnert ans Paradies oder etwa an den Ort, wo Herakles die goldenen Äpfel der Hesperiden, die Unsterblichkeit verliehen, holen mußte, stehlen mußte. Die Frau als Frucht – wobei sie noch dem Mutterbaum entrissen werden muß – der auch entsprechend jammert. Auch hier, weit weg vom ursprünglichen Königshof, scheinen die Mütter ihre Kinder behalten zu wollen.

Wie kostbar diese Tochter des Zitronenbaums ist, zeigt die Anzahl der Wächter. Auch hier ist wiederum ein Bild dafür, daß diese Symbiose ja nicht gestört werden soll, daß ja nichts von außen eindringen soll. Daß Baum und Frucht als Mutter und Kind dargestellt werden, ist häufig. Wir sprechen ja auch etwa davon, daß der Apfel nicht weit vom Stamm fällt – oder von den Kindern als den «Früchtchen». Was bei uns der Apfelbaum ist, ist in Griechenland der Zitronenbaum. Daß der Königssohn seine zukünftige Frau als Frucht sieht, mag damit zusammenhängen, daß bei ihm ja – gemäß der Verwünschung der alten Frau oder gemäß dem Mutterkomplex bei ihm, der so sehr auf Bewahren und Ernähren aus ist – eben das Orale eine sehr wichtige Rolle spielt. Dabei ist die Zitrone mit ihren ätherischen Ölen eine sehr erfrischende Frucht.

Und jetzt treten die beiden wieder auf dem geflügelten Pferd den Heimweg an, um sich die drei Jahre zu sparen. Da ist dann eine große Freude – und es wird Hochzeit gefeiert. Diese ganze Sequenz vom Raub der Zitronentochter kann man so verstehen, daß der Königssohn sich gleichsam eine schöpferische Imagination gemacht hat über das Bild seiner Frau – und diese Imagination macht die Frau sicher zu einem sehr wichtigen Wesen (mit goldenen Haaren), zu einem Wesen, das dem Lichtbereich angehört und sehr kostbar ist. Die Imagination dürfte ein Bild der Frau kreiert haben, das maßlos überhöht ist. Das ist das Ziel seiner Sehnsucht. Eine Frau direkt aus der Zitrone ist auch eine Frau *nur* für ihn, sie hat keine Vergangenheit, er zaubert sie heraus, er bringt sie zum Leben. Diese Imagination der Frau kann zusammenfallen mit dem Wählen einer realen Frau – nur müßte sich dann diese reale Frau gefallen lassen, daß der Mann sein Bild von ihr und nicht sie als Menschen geheiratet hat. Aber der Weg von zu Hause zum Schick-

salsgeist und der Weg zum Zitronenbaum haben es doch mit sich gebracht, daß er überhaupt ein Bild von einer jungen Frau in sich entwickeln und begehren konnte – er hätte ja auch bei der Mutter bleiben können.
Doch lange hält dieses Glück nicht an – es wäre ja alles auch wieder viel zu schön, viel zu symbiotisch. Ein Nachbarkönig erklärt dem Königssohn den Krieg. Es entsteht also ein Konflikt, der Auseinandersetzung erfordert. Der Nachbarkönig erklärt Krieg – die Aggression wird von außen an den Königssohn herangetragen, die Aggression, die ja wieder total verschwunden zu sein schien. Jetzt wird er herausgefordert zur Aggression, zur Auseinandersetzung. Krieg bedeutet auch im Märchen, daß man sich zuvor eben nicht verständigen konnte über die verschiedenen Ansprüche, und daß deshalb zur Gewalt gegriffen werden mußte. Krieg hat aber immer auch den Aspekt im Märchen, daß sich der Königssohn entfernen muß, trennen muß, damit etwas Neues geschehen kann. Das Thema der Trennung ist angeschlagen, damit verbunden auch das Thema der Auseinandersetzung nach außen. Auch das ist ein Aspekt des Weges aus der Symbiose: Wenn ein Mensch sehr eingehüllt ist in eine Symbiose, zudem noch in eine, die gegen außen glücklich und abgerundet aussieht, dann weckt das Aggressionen derer, die nicht an dieser Symbiose teilhaben können, sie fühlen sich ausgeschlossen und starten zum Angriff. Das ist aber eine Möglichkeit für den in der Symbiose sich Befindenden, sich etwas zu lösen. Allerdings kann dieser Angriff von außen auch den gegenteiligen Effekt haben und den Menschen gerade tiefer in die Symbiose treiben. Dies ist aber nicht der Fall bei *der* Art von Symbiose, die wir hier in unserem Märchen antreffen: Wir haben es hier mit einer kraftvollen Symbiose zu tun, einer Symbiose, die einem guten Genährtsein entspricht –

und deshalb dieses gute Genährtsein immer weiter sich erhalten möchte. Menschen mit einer solchen Art symbiotischer Neigung haben die Kraft, sich auseinanderzusetzen, auch wenn sie es nicht besonders lieben. Es heißt ja auch im Märchen, daß der Schutzgeist des Königssohnes ein «kräftiger Jüngling» war.

Bevor er aber auszieht, läßt er einen hohen, festen Turm bauen, in den er die Goldhaarige mit einer Magd einsperrt – und rundherum stellt er sogar noch Wachen auf. Das Bild erinnert an den bewachten Zitronenbaum – oder auch an die Linsen im Topf in der Ausgangssituation. Dieser hohe, feste Turm zeigt, wie sehr er seine Goldhaarige in Besitz nehmen will – er würde selbstverständlich sagen, wie sehr er sie schützen will. Aber es ist auch wieder ein Bewahrenwollen, das eine Stagnation bringt, das die Goldhaarige von allem abhält, was das Leben zu bringen hätte. Und da ist es kein Wunder, daß sie zunächst betrübt ist und seufzt und dann tief einschläft. Sie ist ja total isoliert vom Leben, es bleibt ihr nur die Regression. Sie ist aber nicht ganz allein: sie hat die dunkelhäutige Dienerin bei sich. Der Königssohn muß sich mit einem andern König, der ihm den Krieg erklärt, also aggressiv ist, auseinandersetzen, die Goldhaarige wird zusammen mit der dunklen Dienerin eingesperrt. Bei beiden konstelliert sich nun also die dunkle Seite auch – man hatte ja bis jetzt das Gefühl, daß sich alles im Bereich des Hellen, des Schönen, des Harmonischen abspielte. Die böse Magd wirft die Goldhaarige aber jetzt in einen «tiefen Teich voll angestauten Wassers» – ein Bild für Stagnation, ein Bild für eine große Regression, für Depression. War sie zuvor «oben» am Zitronenbaum – und auch der irgendwo in der Höhe, gelangt sie jetzt in die Tiefe. Alles Schützenwollen, alles Bewahrenwollen der Goldhaarigen hat nichts genützt, im Gegenteil,

das Schützenwollen hat bewirkt, daß sie nun verschwunden ist und die Dunkelhäutige ihren Platz einnimmt.
Auch diese Sequenz können wir wieder aus verschiedenen Perspektiven sehen: Der symbiotisch geprägte Mann im Sinne unseres Märchens neigt dazu, sich ein Bild zu machen von der Frau – und bestimmt auch von sich –, das überhöht ist, ausgedrückt in den goldenen Haaren, ausgedrückt auch darin, daß die Frau sozusagen an «überhimmlischem Orte» geholt worden ist. Dieses Bild nun – das, als es gefunden wurde, das Ziel einer großen Sehnsucht bedeutete, soll sich ja nicht verändern; man tut alles, um es von äußeren Einflüssen abzuschirmen, damit ja keine Zweifel aufkommen können. Aber nicht nur gegen außen ist das Bild abgeschirmt, es ist auch für einen selber nicht mehr etwas, das lebt, es ist wie eine Photographie, die man mit sich herumträgt, ein Erlebnis, das einmal lebendig war und dem man nicht erlaubt, in der Erinnerung sich verändern zu lassen. Und die Erlebnisqualität kommt einem so abhanden, die ursprüngliche Emotion versinkt und macht einer tiefen Traurigkeit Platz. Zwar meint man noch immer, die Emotion wäre vorhanden – die bräunliche Dienerin hat sich ja auch die goldenen Haare angeklebt, und das genügt offenbar bereits als Erkennungszeichen. Aber etwas in einem drin weiß sehr wohl, daß die ursprüngliche Emotion verschwunden ist.
Aus einer andern Perspektive könnte die Situation so gesehen werden, daß der Mann sich ein Bild gemacht hat von der Frau, wie sie sein müßte. Er hätte also «ein Bild» geheiratet und nicht einen Menschen. Dieses Bild darf nicht relativiert werden; der Turm würde dazu dienen, das Bild absolut zu erhalten. Angesichts eines solchen Bildes, wie wir es in unserem Märchen haben, müßte dann natürlich jede reale Frau als «dunkle Dienerin» erscheinen, es wür-

den an ihr dann alle jene Wesenszüge sichtbar, die eben nicht hell und schön sind – und die Vision des überhöhten Frauenbildes würde langsam verschwinden und einer tiefen Traurigkeit Platz machen. Ich denke da an einen Mann, der von einer Frau verlangt, daß sie ihn ständig inspiriert, daß sie sich auch um seine Karriere kümmert, dazu immer fröhlich ist – und voll Zärtlichkeit. Und voll Resignation sagt er dann, daß das seine Frau eben nicht einlösen könne. Sie inspiriere ihn selten, sie kritisiere ihn wenn er nörgle, sie sei oft langweilig usw.

Die Goldhaarige ist verschwunden – die inspirierende Fantasie ist weg –, und *Traurigkeit* ist es, was nun ertragen werden muß. Daß mit diesem Turm Traurigkeit verbunden ist, zeigt sich auch darin, daß die dunkle Dienerin ihre dunkle Hautfarbe damit erklärt, daß ihr in seiner Abwesenheit die Galle übergelaufen sei. Die Galle bringen wir mit gestauter Wut, mit Bitterkeit in Beziehung – und als «schwarze» Galle mit der Melancholie. Und die Traurigkeit reißt ja nun auch dem Königssohn «Sprünge in sein Herz». Jetzt hält er seine Traurigkeit aus: er lebt offenbar auch in diesem Turm – und er wird vorläufig nicht krank, seine Depression äußert sich nicht somatisch, er ist traurig. Er bleibt bei sich und schaut in den Stauteich – er versucht, sich mit seiner depressiven Situation zu konfrontieren.

Wenn im gestauten Teich sich der goldene Fisch zu bewegen beginnt und für ihn sichtbar wird, dann heißt das, daß in dieser gestauten Lebenssituation wieder etwas zu leben beginnt von diesem großen Gefühl, das ihn mit der Goldhaarigen verbunden hat. Es dürfte mehr eine Ahnung sein, daß das, was er verloren hat, in irgendeiner Form doch wieder für ihn lebendig sein kann. Durch die Dunkelheit hindurch erfährt er neu – und nun auf dem «Grund», in der Tiefe – das Ziel seiner Sehnsucht.

Im Turm aber dominiert die dunkle Dienerin, die dieses Lebensgefühl nicht zulassen will – und deshalb ißt sie auch gleich den Fisch auf. Aber gerade dadurch gibt sie dem Fisch Gelegenheit, sich in einer neuen Form zu zeigen, als Eukalyptus-Baum. Der Baum ist etwas Gewachsenes, das den Boden mit der Höhe verbindet, im Vergleich zum Fisch wechselt er den Standort nicht ständig, kann angefaßt werden – und er ist dem Königssohn auch rein örtlich näher als der Fisch, die Blüte wächst fast zum Fenster herein. Wenn wir daran denken, daß die Goldhaarige schon einmal die Frucht an einem Baum war, dann können wir erschließen, daß der Moment nicht mehr weit ist, wo sie wieder aus der Regression auftauchen wird, wo ihm das Lebensgefühl, das ihm in der Goldhaarigen entgegenkam, wieder zugänglich wird, jetzt aber vertieft, durch Wandlungen durchgegangen. Dieses Lebensgefühl muß aber verteidigt werden gegen die Dienerin, die den Baum fällen lassen will, gegen die Seite in ihm, die dieses Gefühl nicht mehr aufkommen lassen will (z.B. nie mehr diesen großen Idealen nachhängen, weil man dadurch nur enttäuscht wird). Und wiederum verhilft sie so der Weiterentwicklung: der Gärtner fällt den Baum – und aus dem Baum heraus tritt die Goldhaarige.

Wir haben hier ein bekanntes Märchenmotiv vor uns: die Frau, die aus der Höhlung des Baumes heraustritt, sozusagen eine Geburt aus dem Baum. Es ist ein Auferstehungsmotiv: auferstehen aus der Mutter. Das wundert uns in diesem Zusammenhang nicht, wenn wir bedenken, wie sehr das ganze Märchen geprägt ist von diesem Mutter-Archetyp – wie sehr das Mädchen auch ihrer Mutter – dem Zitronenbaum – gestohlen worden ist. So ist es denn folgerichtig, daß hier nochmals eine Regression stattfinden mußte, der dann diese Entwicklung heraus aus der Mutter gefolgt ist. Sichtbares Zeichen dafür ist, daß nun endlich einmal dieses Umschließende – denken wir an den Garten, an den Turm, an das Wasser und zuletzt an den Baumstamm – überwunden ist: Die Goldhaarige dürfte nun bereit sein, ins Leben hinauszugehen, in die Realität hinein, sie muß nicht mehr eingeschlossen werden, ein-verleibt werden.

Vom Königssohn aus gedacht würde es bedeuten, daß er eine viel größere Freiheit bekommen hätte im Umgang etwa mit den Frauen, mit den Gefühlen und mit der Realität ganz allgemein. Diese Entwicklung der Goldhaarigen könnte man auch aus der Perspektive der Frau sehen: wir hätten eine symbiotisch an die Mutter gebundene Frau vor uns, die von einem Mann «gestohlen» wird – und bewahrt bleibt vor dem Leben. Dadurch versinkt sie in Langeweile, wird depressiv, sinkt auf den Grund des Daseins, wird langsam lebendig – Fisch, Baum, Baumgeburt.

Interessant ist in diesem Zusammenhang auch, daß ein Gärtner auftaucht. Ein Gärtner ist einer, der pflegt – und der nicht primär ißt. Eine neue Verhaltensmöglichkeit des Prinzen wird hier sichtbar. Ich sehe den Gärtner als eine Verhaltensmöglichkeit des Königssohnes.

Ich habe jetzt das gute Ende bereits vorweggenommen! Zunächst wird nämlich der Königssohn noch krank – er legt sich ins Bett. Er gibt die Sache für verloren – etwas, das wir oft in Therapien – gerade mit Depressiven – sehen: Eine Entwicklung im Unbewußten bahnt sich an, sichtbar, auch erlebbar – natürlich sind die Gegentendenzen auch vorhanden –, und im entscheidenden Moment, in dem sich eigentlich schon alles entschieden hat, fällt der Klient in Hoffnungslosigkeit.

In unserem Märchen wird nun aber die Goldhaarige das erste Mal aktiv, damit erweist sie sich nun auch als ein

Mensch von dieser Welt. Sie kocht ihm eine Suppe und legt den Ring hinein. Der Ring ist ein Symbol der Beziehung, der Ge- und Verbundenheit, der Treue durch alle Verwandlungen hindurch und dadurch auch ein Symbol der Ganzheit. Den letzten Schritt, nämlich das erneute Sich-Verbinden mit dieser Goldhaarigen, die sich gewandelt hat, geht nicht vom Königssohn aus, sondern es kommt ihm von ihr entgegen – oder wenn wir Goldhaar als eine innere Figur nehmen: es kommt ihm von innen entgegen. Seine Funktion war, die Wandlungen auszuhalten, die dunkle Dienerin zu ertragen und die Hoffnung auf die Goldhaarige nie ganz aufzugeben. Jetzt kann die Beziehung auf einer neuen Ebene erfolgen, weniger geprägt vom Mutterkomplex – und daher wohl auch realistischer. Die Beziehungsfähigkeit ist gewonnen. Die Beziehungsfähigkeit ist erst gewonnen, wenn die Möglichkeit des Verlierens des Partners als volle Möglichkeit auch gesehen und ausgehalten werden kann. Die Dienerin, die den Gegensatz zur Goldhaarigen verkörpert hat und die die Funktion hatte, diese glänzende Einseitigkeit zu stören, zu eliminieren, ist nun nicht mehr notwendig. Vielleicht ist auch dieses sehr starke In-die-Gegensätze-Fallen, wie es an diesem Königssohn sichtbar wird und wie es zu dieser Art von Symbiose gehört, dieses «Entweder ist alles gut oder alles schlecht», verschwunden. Zumindest eliminiert sich die dunkle Dienerin, der eine Gegensatz, selbst. Interessant ist, daß die Dienerin immer die Ungetreue genannt wird – dieses Den-Gegensätzen-Verfallen wird vom Märchen her als Untreue aufgefaßt, während der Königssohn eigentlich immer «treu» seine Wege geht.

Versuchen wir, uns auch diesen Weg aus der Symbiose nochmals zu vergegenwärtigen: Wir haben es mit einer Symbiose zu tun, in der der Mutterkomplex wiederum eine große Rolle spielt, wobei dieser Mutterkomplex Reichtum gibt, Nahrung, Schutz, Geborgenheit – aber auch Überfürsorglichkeit, wenig Realitätssinn und Ansprüchlichkeit; auf Probleme wird mit Depression reagiert.

Der Weg aus der Symbiose beginnt damit, daß der Königssohn mit Steinen wirft, also eine natürliche Aggressivität entwickelt – und die treibt ihn aus dem Haus. Es folgt eine Phase des Durchhaltens, des unspektakulären Lebens, ohne daß er regredieren darf. Die Eisenschuhe dürften wohl auch bewirken, daß ihm jeder Schritt bewußt wird. Diese Phase hat als Endziel das Finden *seines* Schicksalsgeistes, was wir interpretiert haben als das Finden dessen, was wirklich sein Schicksal ist, unabhängig von dem, was die andern denken könnten. Deshalb mußte er ja auch die drei Jahre lang allein sein – immer mit der Sehnsucht vor Augen, die er noch nicht erfüllen kann.

Und jetzt hat er die große Vision von der Goldhaarigen. Es ist seine Aufgabe, das Weibliche zu finden, aber die Suche und das Erobern bleiben vom ursprünglichen Mutterkomplex geprägt: Er hat einen hohen Anspruch, er kann eine großartige Idee vom Weiblichen entwerfen und dieses Weibliche im Sturm erobern. Es folgt eine nächste symbiotische Phase.

Diese Phase wird dadurch beendet, daß einerseits das Problem der Aggression wieder akut wird, andrerseits das Bewahrenwollen der Situation – ausgedrückt im Einmauern der Goldhaarigen – einen solchen Grad erreicht, daß nur noch Stagnation und Depression möglich sind. Diese Depression ist absolut notwendig: sie führt ihn in die Tiefe, sie konfrontiert ihn mit dem totalen Verlust des Bildes, das er sich von der Frau gemacht hat und das nicht lebensfähig war.

Der Weg aus der Depression führt über seine Trauerarbeit – er trauert wirklich um den Verlust der Goldhaarigen –, und dadurch, daß er die Trauer aushält, ersteht sie ihm aus dem dunklen Teich wieder – in verwandelter Form. Das Aushalten des Schmerzes über den Verlust führt dazu, daß sich beide wandeln können und daß die *Beziehung* überhaupt möglich wird.

JORINDE UND JORINGEL

Der Weg von der Faszination zur Beziehung

Es war einmal ein altes Schloß mitten in einem großen dicken Wald, darinnen wohnte eine alte Frau ganz allein, das war eine Erzzauberin. Am Tage machte sie sich zur Katze oder zur Nachteule, des Abends aber wurde sie wieder ordentlich wie ein Mensch gestaltet. Sie konnte das Wild und die Vögel herbeilocken, und dann schlachtete sie, kochte und briet es. Wenn jemand auf hundert Schritte dem Schloß nahekam, so mußte er stillestehen und konnte sich nicht von der Stelle bewegen, bis sie ihn lossprach: wenn aber eine keusche Jungfrau in diesen Kreis kam, so verwandelte sie dieselbe in einen Vogel und sperrte sie dann in einen Korb ein und trug den Korb in eine Kammer des Schlosses. Sie hatte wohl siebentausend solcher Körbe mit so raren Vögeln im Schlosse.

Nun war einmal eine Jungfrau, die hieß Jorinde: sie war schöner als alle andern Mädchen. Die und dann ein gar schöner Jüngling, namens Joringel, hatten sich zusammen versprochen. Sie waren in den Brauttagen, und sie hatten ihr größtes Vergnügen eins am andern. Damit sie nun einsmalen vertraut zusammen reden könnten, gingen sie in den Wald spazieren. «Hüte dich», sagte Joringel, «daß du nicht so nahe ans Schloß kommst.» Es war ein schöner Abend, die Sonne schien zwischen den Stämmen der Bäume hell ins dunkle Grün des Waldes, und die Turteltaube sang kläglich auf den alten Maibuchen.

Jorinde weinte zuweilen, setzte sich hin im Sonnenschein und klagte; Joringel klagte auch. Sie waren so bestürzt, als wenn sie hätten sterben sollen: sie sahen sich um, waren irre und wußten nicht, wohin sie nach Hause gehen sollten. Noch halb stand die Sonne über dem Berg, und halb war sie unter. Joringel sah durchs Gebüsch und sah die alte Mauer des Schlosses nah bei sich; er erschrak und wurde todbang. Jorinde sang:

«Mein Vöglein mit dem Ringlein rot
Singt Leide, Leide, Leide:

Es singt dem Täubelein seinen Tod,
Singt Leide, Lei – zucküht, zicküht, zicküth.»

Joringel sah nach Jorinde. Jorinde war in eine Nachtigall verwandelt, die sang: «Zicküth, zicküth.» Eine Nachteule mit glühenden Augen flog dreimal um sie herum und schrie dreimal: «Schu, hu, hu, hu.» Joringel konnte sich nicht regen: er stand da wie ein Stein, konnte nicht weinen, nicht reden, nicht Hand noch Fuß regen. Nun war die Sonne unter: die Eule flog in einen Strauch, und gleich darauf kam eine alte krumme Frau aus diesem hervor, gelb und mager: große rote Augen, krumme Nase, die mit der Spitze ans Kinn reichte. Sie murmelte, fing die Nachtigall und trug sie auf der Hand fort. Joringel konnte nichts sagen, nicht von der Stelle kommen; die Nachtigall war fort. Endlich kam das Weib wieder und sagte mit dumpfer Stimme: «Grüß dich, Zachiel, wenns Möndel ins Körbel scheint, bind los, Zachiel, zu guter Stund.» Da wurde Joringel los. Er fiel vor dem Weib auf die Knie und bat, sie möchte ihm seine Jorinde wieder geben; aber sie sagte, er sollte sie nie wieder haben, und ging fort. Er rief, er weinte, er jammerte, aber alles umsonst. «Uu, was soll mir geschehen?» Joringel ging fort und kam endlich in ein fremdes Dorf: da hütete er die Schafe lange Zeit. Oft ging er rund um das Schloß herum, aber nicht zu nahe dabei. Endlich träumte er einmal des Nachts, er fände eine blutrote Blume, in deren Mitte eine schöne große Perle war. Die Blume brach er ab, ging damit zum Schlosse: alles, was er mit der Blume berührte, ward von der Zauberei frei; auch träumte er, er hätte seine Jorinde dadurch wieder bekommen. Des Morgens, als er erwachte, fing er an, durch Berg und Tal zu suchen, ob er eine solche Blume fände: er suchte bis an den neunten Tag, da fand er die blutrote Blume am Morgen früh. In der Mitte war ein großer Tautropfen, so groß wie die schönste Perle. Diese Blume trug er Tag und Nacht bis zum Schloß. Wie er auf hundert Schritt nahe bis zum Schloß kam, da ward er nicht fest, sondern ging fort bis ans Tor. Joringel freute sich hoch, berührte die Pforte mit der Blume, und sie sprang auf. Er ging hinein, durch den Hof, horchte, wo er die vielen Vögel vernähme: endlich hörte er's. Er ging und fand den Saal, darauf war die Zauberin und fütterte die Vögel in den siebentausend Körben. Wie sie den Joringel sah, ward sie bös, sehr bös, schalt, spie Gift und Galle gegen ihn aus, aber sie konnte auf zwei Schritte nicht an ihn kommen. Er kehrte sich nicht an sie und ging, besah die Körbe mit den Vögeln; da waren aber viele hundert Nachtigallen, wie sollte er nun seine Jorinde wieder finden? Indem er so zusah, merkte er, daß die Alte heimlich ein Körbchen mit einem Vogel wegnahm und damit nach der Türe ging. Flugs sprang er hinzu, berührte das Körbchen mit der Blume und auch das alte Weib: nun konnte sie nichts mehr zaubern, und Jorinde stand da, hatte ihn um den Hals gefaßt, so schön, wie sie ehemals war. Da machte er auch alle die andern Vögel wieder zu Jungfrauen, und da ging er mit seiner Jorinde nach Hause, und sie lebten lange vergnügt zusammen.

Dieses Märchen (29) ist ein deutsches Märchen, in der Romantik aufgezeichnet, aus der Sammlung der Brüder Grimm.
Im Titel kündigt sich bereits ein Problem an: Jorinde und Joringel gleichen sich sehr in ihren Namen. Das könnte bedeuten, daß damit zwei Aspekte von ein und demselben Menschen ausgedrückt sind, seine weibliche und seine männliche Seite; es kann aber auch bedeuten, daß die beiden miteinander eine sehr enge Beziehung haben, so daß ihre Unterschiede verwischt werden: eine symbiotische Beziehung. Das Märchen beginnt damit, daß im großen dicken Wald, in einem alten Schloß, eine Erzzauberin wohnt, die sich tags in eine Katze oder in eine Eule verwandeln kann, nachts aber ein Mensch ist. Kommt man ihr zu nah, dann wird man unbeweglich. Keusche Jungfrauen verwandelt sie in Vögel, steckt diese in einen Korb und den Korb bringt sie in eine Kammer. Sie nimmt also gefangen, und der, der gefangen wird, wird immer mehr eingeschlossen: in den Vogel, in den Korb, in die Kammer... Es ist, wie wenn sich viele Hüllen über diesen Menschen werfen würden.
Wenden wir uns zunächst einmal noch der Erzzauberin zu: Sie entspricht etwas Verdrängtem, so ganz allein, mitten im dichten Wald. Sie kann mit Tieren umgehen und bezeichnet sich selbst näher durch die Tiere, in die sie sich

verwandeln kann: in Katze und Eule. Bastet und Sachmet, zwei ägyptische Muttergöttinnen, werden mit Katzenköpfen dargestellt, wobei die Bastet die gute Katze verkörpert, die Sachmet die wütende, die dementsprechend oft auch mit einem Löwenkopf dargestellt wird. Daß die Katze mit dem Weiblichen zu tun haben könnte, leuchtet uns ein: Wir kennen den Ausdruck «Katze» für Frau, und zwar geht es bei dieser Ausdrucksweise immer darum, daß aus einer erotischen Perspektive geredet wird. Auch daß es je eine Göttin für die gute Katze gibt und eine für die böse, scheint einleuchtend: Wir wissen von unsern Hauskatzen her, daß sie vollkommen unberechenbar sind: einmal spüren wir ihre Samtpfötchen, und wenn es der Katze nicht mehr paßt, dann eben die Krallen. Die Katze symbolisiert eine instinkthafte Weiblichkeit, anschmiegsam – und doch eigenständig und unberechenbar. Die Eule gilt als Vogel der Athena. Athena ist die Göttin der Weisheit, des Krieges, des Kämpfertums, des Handwerks. Die Eule ist Symbol der nächtlichen Weisheit, im Sinne des Seherischen und der Ahnungen.
So könnte man sagen, daß in der Ausgangssituation des Märchens gezeigt ist, daß wir es mit einer Zeit zu tun haben, die das Instinktiv-Weibliche und das Geisthaft-Weibliche, symbolisiert in Katze und Eule, verdrängt und in der man deshalb Angst hat, verzaubert zu werden. Das Zauberische, das Seherische, das sich vielleicht in einem Sich-ergreifen-Lassen von den Dingen, in einem Sich-inspirieren-Lassen, im Ernstnehmen von Ahnungen äußert, wird verdrängt und zugleich gesucht. Wir haben es hier mit einem romantischen Märchen zu tun; in der Romantik finden wir eine Gefühlskultur wie kaum je zuvor, nachdem diese Seite ja in den tiefen Wald verbannt war.
Joringel weiß durchaus, daß man sich vor dem Schloß hü-

ten muß, daß man nicht zu nah daran herankommen darf, aber das Schloß übt geradezu einen Sog aus. Wenn wir bedenken, daß die Erzzauberin 7000 Körbe mit Jungfrauen hütet, dann muß dieser Sog sehr wirksam sein. In den Bann dieser Erzzauberin kommt man offenbar immer, wenn man verliebt ist – wie hier Jorinde und Joringel. Verliebtheit verzaubert ja wirklich, aber der Zauber hier fördert nicht das Leben, sondern hemmt es. Die beiden haben ja auch schon eine Vorahnung: Sie sind so traurig, als wenn sie hätten sterben sollen. Zum Sterben paßt auch, daß Sonnenuntergang ist, es ist Abend. Wenn zwei sehr verliebt sind, dann konstelliert sich der Mutterkomplex, und das Problematische am kollektiven Mutterkomplex, der sich in der Zeitsituation ausdrückt, konstelliert sich natürlich mit.

Diese symbiotische Beziehung von Jorinde und Joringel führt mit andern Worten «nur» zu dieser Erzzauberin, in einen Bereich also, wo der Mann total versteinert, also bewegungslos, ausdruckslos wird und seine Frau nicht mehr erreicht, die Frau zu einer Nachtigall, von deren Gesang man sagt, er sei so klagend, so traurig, so voll Sehnsucht, gleichzeitig aber auch so verführerisch aufreizend – aber sie bleibt unerreichbar. Die Beziehung zwischen den beiden ist unterbrochen. Hinter diesem Nachtigall-Sein der Frau, hinter diesem Gefangensein in einer Nachtigall steht die Erzzauberin. Für eine reale Beziehung könnte es heißen, daß zwei Verliebte sehr symbiotisch miteinander sind, und daß dadurch, daß dieser «Zauberaspekt» der Liebe so sehr gewollt ist und auch so sehr einer Sehnsucht entspricht (hier auch Zeitsehnsucht), die Frau erhöht wird, zu einer Nachtigall emporstilisiert wird. Die Frau wird dann natürlich «übermenschlich» – und nichtmenschlich, nicht mehr erreichbar. Und der Mann ist dann eben versteinert,

er kann nicht handeln, er kann sich seine Jorinde nicht zurückholen, die Beziehung bricht ab.
Man kann diese Nachtigallen auch als die vielen «schönen Seelen» sehen, die nichts mehr mit dem realen Leben zu tun haben – und viele Männer der Romantik in ihren Bann gezogen haben und sie damit ebenfalls von der Realität wegzogen. (30)
Aus der Symbiose ist die Trennung geworden. Joringel wird durch einen Zauberspruch aus der Versteinerung gelöst – die Erzzauberin interessiert sich in dieser Version nur für die Jungfrauen, es gibt allerdings eine andere Version, in der die Jungfrauen dann die Schafe hüten müssen, und die jungen Männer müssen bei der Zauberin bleiben. Was bedeutet es, daß Joringel Schafe hütet? Er hütet zunächst allein. Er muß die Trennung akzeptieren. Hüten heißt, etwas zusammenhalten; eigentlich hüten die Märchenhelden sich selber, sie sammeln ihre vitalen Kräfte. Das ist auch ausgedrückt in dem Bild, daß er immer einmal wieder um das Schloß der Hexe herumgeht – nicht zu nah natürlich: Er scheint das Problem zu umschreiten, er sammelt sich. Gleichzeitig ist Hüten auch ein Akt der Introversion: er besinnt sich auf sich. Dieser Akt der Selbstbesinnung ist mit großer Trauer verbunden, die er aushält.
Und endlich eines Nachts träumt er den erlösenden Traum: Er träumt, er fände eine blutrote Blume, in deren Mitte eine schöne große Perle ist. Und damit kann er den Bann lösen. Das könnte eine Beschreibung eines therapeutischen Prozesses sein: Joringel geht um sein Problem herum, er schaut es von allen Seiten an, ist dabei bemüht, seine Kräfte zu sammeln, zu hüten, zu sehen – und eines Tages träumt er einen Traum, der ihm die Lösung des Problems nahelegt. Auch das Traumbild legt Wert auf das Zentrum der Blume, auf die Mitte.

Was könnte die blutrote Blume verkörpern? Im Blutrot steckt die Leidenschaft und das Leiden, Blut, Körperlichkeit. Die Blume steht oft für unsere Gefühle, für Eros, die rote Blume für das leidenschaftliche Gefühl der Liebe, das körperhafte Gefühl auch, nun aber verbunden mit der weißen Perle. Die blutrote Blume schafft auch die Verbindung zu Jorinde, die ja als Vogel ein rotes Ringlein trug. Die Perle gilt bei uns als große Kostbarkeit, als etwas Vollendetes; bei den Mystikern ist sie das Symbol für die Erleuchtung, das Symbol für das Finden einer Einheit zwischen dem Göttlichen und Menschlichen. Die Perle wächst konzentrisch, und wenn sie ein Symbol für eine Erleuchtung ist, dann eine Erleuchtung, die ganz langsam gewachsen ist. Das Wachsen der Perle kann in Zusammenhang gebracht werden mit dem Umkreisen des Schlosses von Joringel. In der Verbindung der roten Blume mit der weißen Perle sehe ich das Gefühl der Verbundenheit von körperlicher und mystischer Liebe, das er nun als Erlebnis für sich gewonnen hat. Das Faszinosum der Liebe müßte ihn nun nicht mehr lähmen – er hat es in sich gefunden und erlebt. Die Macht der Hexe müßte dadurch gebannt sein.
Als die Zauberin Joringel losband, sagte sie den dunklen Satz: «Wenns Möndel ins Körbel scheint, bind los Zachiel.» Es ist nicht ganz klar, worauf sich dieser Spruch bezieht, aber vom Bild her könnte man einen Zusammenhang herstellen mit dem Mond im Korb und der Perle in der Mitte der blutroten Blume. In Joringel selbst muß also die Gegensatzvereinigung zunächst erfolgen, und dann kann er seine Jorinde wieder finden.
Nun war das ja ein Traum. Joringel geht sofort daran, das, was er gesehen hat – er hat jetzt gelernt zu «sehen» –, in der Realität zu suchen. Er findet eine Blume mit dem Tautropfen, Zeichen dafür, daß es Morgen geworden ist,

daß die Nacht des Leidens vorbei ist. Daß er im Tautropfen die Perle erkennt, scheint mir zu zeigen, daß er jetzt durch das Reale hindurch den transzendenten Hintergrund erkennen kann, sehen kann. Und jetzt kann ihm die Erzzauberin nichts mehr anhaben; was sie allein verkörpert hatte und was ihm fehlte, hat er nun auch; aber mehr noch: er ist ein in sich Zentrierter, er hat seine Mitte gefunden – und deshalb kann er nun seine Jorinde holen. Sie muß nicht mehr die Nachtigall für ihn sein – das mystische Erleben hat er jetzt für sich selbst erfahren, sie muß es ihm nicht mehr ersetzen. Es kann jetzt eine reale Beziehung aufgebaut werden. Die Zauberin kann nicht mehr an ihn herankommen – sie hat die Macht über ihn verloren – und auch über Jorinde und über die 7000 andern Nachtigallen.
Wir haben es in diesem Märchen mit der symbiotischen Verliebtheit zweier Menschen zu tun – wobei Verliebtheit sicher immer etwas Symbiotisches an sich hat –, hier im Märchen speziell ausgedrückt dadurch, daß die beiden so ähnliche Namen haben. Dies geschieht in einer Zeitsituation, in der das Instinktiv-Weibliche und die weibliche Weisheit – vermischt wohl mit Naturmystik – zwar noch im tiefen Wald liegen, aber offenbar doch einen großen Sog ausüben. Erliegt man diesem Sog, das heißt, wird diese ganze erahnte, erwartete und gefürchtete Gefühlssphäre auf die Frau übertragen, die den Sturm der Gefühle ja auslöst, dann wird die Beziehung nicht mehr möglich; der Mann wird versteinert, die Frau zu einer Nachtigall. Sie wird der menschlichen Gestalt beraubt, sie kann nicht mehr als Mensch reagieren.
Der Weg aus der Symbiose besteht darin, daß Joringel, der zwar auch gebannt wurde von der Zauberin, aber doch nicht auf die Dauer gefangen, zu sich selber kommen muß. Er muß die Trennung ertragen, sich besinnen auf seine

Kräfte, das Problem des Verlustes und den Bereich der Erzzauberin, die diesen Verlust bewirkt hat, immer wieder bedenken. Er muß bedenken, was ihn so sehr gebannt und ihm die ganze Autonomie geraubt hat – aber auch seine Jorinde, das, was er so sehr geliebt hat.
Er muß sich als einzelner seiner Innenwelt zuwenden – und dann wird ihm in einem Traum mitgeteilt, was den Bann löst. Der Traum drückt aus, daß er in sich ein starkes Gefühl gefunden hat: Körperliche Liebe und geistige Liebe, die Ahnung von etwas Transzendentem darin, kann er als Einheit erleben. Seine symbiotischen Bedürfnisse sind nun auf ein Erlebnis von Transzendenz in *ihm* übertragen. Das, was zuvor in Katze und Eule auf einer bewußtseinsferneren Stufe ausgedrückt war, ist ihm jetzt als Erlebnis zugänglich. Es ist als Erlebnis langsam gewachsen, und so verliert die Zauberin die Macht über ihn und über Jorinde.
Mir scheint, daß in diesem Märchen klar ausgedrückt ist, daß in einer symbiotischen Beziehung – wenn wir sie nun einmal als Partnerbeziehung auffassen, wie es in diesem Märchen sicher dargestellt ist – *der* den Entwicklungsschritt machen muß, der von der symbiotischen Situation weniger gelähmt wird, und daß dann aber für beide eine neue Situation entsteht.

ZUSAMMENFASSENDE ÜBERLEGUNGEN

Auffallend ist, daß in all diesen Märchen, die wir hier besprochen haben – und auch in andern Märchen, die auf das Thema der Symbiose bezogen werden können –, Symbole des «Umschlossenseins» dominieren, denken wir etwa an das Grab der «Ehegatten», an die Strudelhöhle der Sina, an die Schlingpflanzen für Faalataitauana, an die Muscheln, die ihn und seine Brüder verkörpern, an den ständigen Schlaf, an die anfängliche Inaktivität des Sohnes in «Rothaarig-Grünäugig», dann an die vielen «Topf»-Symbole in der «Tochter des Zitronenbaums», an den Linsentopf, das Zitronenbaumparadies, den Turm, die Wandlungsformen der Goldhaarigen als Fisch, Baum und die daraus folgende Baumgeburt. In «Jorinde und Joringel» sind es die Vögel, die zudem noch in Körben gefangen sind, Joringel, weniger gefangen, aber doch auch gebannt im Umkreis des Schlosses.

Diese Symbole des Umschlossenseins, des Eingeschlossenseins, des Bewahrtseins, des Geborgenseins, des Gefangenseins, des Geschütztseins dominieren. Natürlich kommen diese Symbole in allen Märchen vor, die Häufung in diesen symbiotischen Märchen ist aber auffallend. Selbst in vergleichbaren Märchen, wo etwa die Mutter fehlt und der Sohn ausziehen muß, um eine Frau zu finden, sind diese Motive des Umschlossenseins weniger oft anzutreffen.

Diese Symbole des Umschlossenseins sind natürlich Symbole des Mutterarchetyps. Unsere Frage, die wir uns am

Anfang gestellt haben, ob denn eigentlich immer eine Mutterproblematik hinter der symbiotischen Beziehung steckt, kann sicher bejaht werden, wobei gleich einschränkend zu sagen ist, daß diese Mutterproblematik sehr verschieden aussehen kann – und dementsprechend auch verschiedene Auswirkungen auf den einzelnen haben kann. Der Unterschied zu Märchenhelden in Märchen auch mit Mutterproblematik, aber mit weniger symbiotischer Tendenz, ist der, daß jene Helden von Natur aus aggressiver sind, der Weg ins Leben hinein – trotz der Mutterbindung, die sie alle haben – attraktiver ist als der Weg nach rückwärts, zu einer Art Tod. Bei den Helden der symbiotischen Märchen ist die Entscheidung, ob sie leben wollen oder ob sie sterben wollen, sehr radikal dargestellt.

Ich habe versucht, in den vier Märchen, die ich besprochen habe, verschiedene Arten der Symbiose zu zeigen, die auch verschiedenen Lebenssituationen und verschiedenen Bewußtseinsstufen entsprechen. Das Gemeinsame an diesen Symbiose-Märchen sind die Symbole des Eingeschlossenseins, die dominieren, die darauf hinweisen, daß dahinter ein Mutterkomplex steht mit der Färbung des Einschließens, des Bewahrens – und oft auch des Nährens. Das Streben nach Autonomie wird unterbunden, Aggression ist kaum oder nur in Ansätzen entwickelt. Das ergibt das spezielle Beziehungsproblem für diese Menschen.

Es gibt nun auch Gemeinsamkeiten bei den «Wegen aus der Symbiose». Diese Gemeinsamkeiten könnnen aber nur sehr allgemein formuliert werden: Jede Form der Symbiose hat letztlich «ihren» Ausweg. Gemeinsam ist diesen symbiotischen Märchen, daß der Ausstoß aus der Symbiose dadurch erfolgt, daß diese übertrieben wird. Der Ausstoß kann in die Veränderung hinaus erfolgen oder aber in eine noch tiefere Regression, bis hin zum Tod.

Ich möchte die kreative Auseinandersetzung mit der Symbiose von der regressiven Auseinandersetzung unterscheiden. Natürlich sind auch bei der kreativen Auseinandersetzung immer wieder regressive Elemente vorhanden, nicht aber durchwegs (wie zum Beispiel im Märchen «Die Ehegatten»).

Es ist von den Märchen her nicht schlüssig zu erweisen, unter welchen Bedingungen eher die kreativen oder eher die regressiven Formen «gewählt» werden. Meines Erachtens hängt es damit zusammen, ob in der ersten Phase der Symbiose das Nähren oder nur das Bewahren, also nur das Einengende dominiert hat, ob nährendes Bewahren oder aggressives, versteckt aggressives Bewahren vorherrschend waren.

Bei den Wegen zur Veränderung zeigt sich immer die Trennung vom symbiotischen Partner; das geht einher mit Ortsveränderung und Veränderung der Verhaltensweisen: Neue Verhaltensweisen sind etwa Risikobereitschaft, Konfrontation, Aggression. Die Symbiose wird verschoben auf einen andern Inhalt, einen andern Menschen. Innerhalb der neuen Symbiose wird mehr Autonomie gewonnen, was dann zu einer erneuten Trennung führt, die unter Umständen durch Trauerarbeit aufgearbeitet wird. Dadurch wird ein neuer Ausgangspunkt geschaffen, der immer noch nicht frei ist von Symbiosetendenzen.

Immerhin zeichnet sich aber in den Märchen ab, daß Beziehungen nun eingegangen werden können. Es kommt ja nicht darauf an, daß diese Märchenhelden ihre symbiotischen Tendenzen nun ganz abgelegt hätten, sondern daß ihnen der Rhythmus klarwird, daß sie wissen, daß einer symbiotischen Phase immer wieder auch eine Phase der Loslösung und Trennung und der Individuation folgen muß.

Wesentlich scheint mir zu sein, daß für einzelne Symbioseformen, vom Märchen her gesehen, wirklich klare Wege aus der Symbiose aufgewiesen werden, Wege, die uns auch in der Therapie den Weg weisen können.
Ich versuche, diese Wege nochmals kurz zusammenzufassen:
Im Märchen von der «Strudelhöhle Fafá» haben wir eine inzestuöse Familie, eine Familie, die sehr unbewußt ist. Sehr große Unbewußtheit der Mutter erschwert es einem Kind, sich abzusetzen, es verschwimmt immer wieder mit der Mutter. Der Weg der Therapie bei Menschen mit diesem Hintergrund, bei denen das Unbewußte sehr aktiv ist und deren Ich dem wenig entgegenzusetzen hat – zum Beispiel bei Suchtgefährdeten –, könnte so aussehen, daß der nährende Aspekt des Mutterarchetyps gesucht wird – gleichzeitig aber Schritt für Schritt Autonomie geübt wird, damit das Ich nicht wieder verschluckt wird. Dieser Vorgang kann sehr wohl in der Übertragung stattfinden. Da die Neigung zu übertrieben symbiotischem Verhalten ein Beziehungsproblem ist, zeigen sich alle Symbioseformen innerhalb der Therapie als Übertragungs- und Gegenübertragungsprobleme.
Im Märchen von «Rothaarig-Grünäugig» haben wir das Bild einer Vatergebundenheit mit Autoritätsproblematik. Identitätsproblematik als Mann, Schwierigkeiten in der Beziehung zu Frauen. Hier geht es um die Verstärkung des Ich durch das Verdrängte, symbolisiert im Begleiter – das führt dann zum Weiblichen. Die Symbiose mit dem Begleiter muß dann natürlich wieder gelöst werden. In der therapeutischen Situation kann der Analytiker zu diesem Begleiter werden, der Begleiter kann aber auch eine innere Figur sein oder ein Freund in der Außenwelt. Dieser Weg aus der Symbiose scheint mir immer dann angezeigt, wenn

eine Identität, eine Symbiose mit dem gleichgeschlechtlichen Elternteil vorliegt.
Bei der «Tochter des Zitronenbaums» haben wir es mit einer Depression zu tun, die durch Überfürsorglichkeit entstanden ist. Das Märchen zeigt auf, wie dadurch eine illusionäre Sicht des Lebens entsteht, eine große Ansprüchlichkeit, eine große Sehnsucht nach einem idealen Partner, aber auch ein großes Vertrauen. Auf Störungen, auf Einbrüche von Realität wird depressiv reagiert, auf Lösungen hypomanisch. Der Weg aus dieser Situation heraus läuft über das «einfache» Leben zunächst, das ertragen wird, weil die große Vision vor Augen ist. Es muß realistisch Schritt für Schritt getan werden, dann müssen diese mutterkomplexhaften Größenphantasien «geerdet» werden. Durch das Aushalten der Depression, die mit dem Verlust dieser Größenideen verbunden ist, und durch das Trauern bekommt dieses Lebensgefühl seinen «Tiefgang» – das große Gefühl kann in sich gefunden und in die Beziehungen hineingetragen werden. – Das ist ein Prozeß, der sich auch in der analytischen Situation abspielt, wenn ein Analysand die Idealisierung des Analytikers nicht mehr aufrechterhalten kann. Gleichzeitig kann er aber auch die Idealisierung seiner selbst nicht mehr aufrechterhalten. Dann setzt die Depression ein, die verbunden ist mit dem Verlust der Größenidee. Und wenn der Analysand dann nicht «wegläuft», äußerlich oder innerlich, sondern die Trauer aushält, die mit diesem Verlust verbunden ist, ist die Chance groß, daß er sich selbst annehmen kann, wie er ist.
In «Jorinde und Joringel» haben wir die Symbiose als «Verliebtheitssyndrom» in einer Zeit, in der die Sehnsucht nach Romantik, nach Nacht, nach Traum einen ungeheuren Sog ausübt. Unter diesen Umständen kann die Verliebtheit in eine Sackgasse führen, wo jeder Partner nicht

mehr sein darf, was er ist. Dieses Phänomen zeigt sich auch in der therapeutischen Praxis. Männliche Analytiker – bei denen die alte Zauberin noch mächtig ist – können ziemlich «verzaubert» werden und Frauen, die Beratung suchen, dann zu «Geistwesen» hinaufstilisieren, die sie keineswegs sind. Das führt dann meistens zu einer Enttäuschung – auf beiden Seiten. Den Weg da heraus zeigt das Märchen als das Zurückziehen des Partners, der weniger geschädigt ist, auf sich: er wird ein Innengeleiteter, erdauert das Problem und findet das Faszinosum in seiner eigenen Tiefe. Das wäre wohl ein Ausweg bei symbiotischen Partnern, die das Faszinosum vom Partner erfüllt haben möchten und nicht sehen, daß sich das Faszinosum zwar durchaus durch die Liebe erfahren läßt, aber daß es von viel weiter her kommt und den Partner weit übersteigt.

BIBLIOGRAPHIE

1 Weitere methodische Anmerkungen zur Märcheninterpretation finden Sie in Jacoby M., Kast V., Riedel J.: Das Böse im Märchen. Bonz, Stuttgart 1978, 1980, S. 46ff.
Exemplarische Märcheninterpretationen im Sinne der Jungschen Schule finden sich bei M.-L. von Franz, z. B.: von Franz M.-L.: Das Weibliche im Märchen. Bonz, Stuttgart 1977.
Siehe ferner: Drewermann E., Neuhaus I., Reihe: Grimms Märchen tiefenpsychologisch gedeutet. Walter, Olten 1981ff.

2 Von dem Burschen, der sich vor nichts fürchtet. Aus: Isländische Volksmärchen. Übersetzt von Hans und Ida Naumann. © 1923 by Eugen Diederichs Verlag, Düsseldorf/Köln.

3 Jung C. G.: Über psychische Energetik und das Wesen der Träume. Walter Studienausgabe, Olten 1971, S. 183.

4 Weischedel W.: Skeptische Ethik. Suhrkamp, Frankfurt 1980.

5 Handwörterbuch des deutschen Aberglaubens, Bd. 2, S. 1286.

6 Die Gänsemagd. In: KHM I. Manesse, Zürich 1946, S. 583.

7 Schliephacke B. P.: Märchen. Seele und Sinnbild. Aschendorff, Münster 1974, S. 111.

8 Zit. in: Ninck M.: Wodan und germanischer Schicksalsglaube. Darmstadt, Wissenschaftliche Buchgesellschaft 1967, S. 93.

9 Graumantel. Aus: Deutsche Volksmärchen. Neue Folge, herausgegeben von Elfriede Moser-Rath. © 1966 by Eugen Diederichs Verlag, Düsseldorf/Köln.

10 Bolte – Polivka: Anmerkungen zu den Kinder- und Hausmärchen der Brüder Grimm. Olms, Hildesheim 1963.

11 Das singende springende Löwenerkerchen. In: KHM I. Manesse, Zürich 1946, S. 574.

12 Die Nixe im Teich. In: KHM II. 181, a. a. O. S. 456.

13 Jung C. G.: Das Geheimnis der Goldenen Blüte. Walter, Olten 1971, 1981, S. 40.

14 Jung C. G.: Psychologische Typen, GW 6. Walter, Olten 1971, 1981, S. 477.
15 Mahler M.: Symbiose und Individuation. Klett, Stuttgart 1972.
16 In Anlehnung an: Mahler M., Pine F. und Bergman A., in: Die psychische Geburt des Menschen. Fischer, Frankfurt am Main 1978, S. 14.
17 Die Ehegatten. Aus: Finnische und estnische Märchen. Herausgegeben von August von Löwis of Menar. © 1962 by Eugen Diederichs Verlag, Düsseldorf/Köln.
18 Fromm E.: Die Seele des Menschen: ihre Fähigkeit zum Guten und zum Bösen. Deutsche Verlags-Anstalt, Stuttgart 1979, S. 33 ff.
19 Fromm E.: Die Kunst des Liebens. Ullstein 258, Berlin 1970, S. 39/40.
20 Blanck G. und Blanck R.: Angewandte Ich-Psychologie. Klett-Cotta, Stuttgart 1978, S. 69.
21 Teresa von Avila, Vida 24, 7. Zit. in: (Hrsg.: Dobhan U.) Gotteserfahrung und Weg in die Welt. Walter, Olten 1979, S. 99 f.
22 Aus: Südsee-Märchen. Gesammelt und herausgegeben von Paul Hambruch. © 1979 by Eugen Diederichs Verlag, Düsseldorf/Köln.
23 Simson-Geschichte, Richter 13,24 ff., Altes Testament.
24 Rothaarig-Grünäugig. Aus: Kurdische Märchen. Gesammelt von Louise-Charlotte Wentzel. © 1978 by Eugen Diederichs Verlag, Düsseldorf/Köln.
25 Vgl. Petzold E., Achim R.: Klinische Psychosomatik, UTB. Quelle und Meyer, Heidelberg 1980, S. 158 ff.
26 Die Tobias-Geschichte wird auf 200 v. Chr. datiert.
27 Aus: Die Tochter des Zitronenbaums. Märchen aus Rhodos. Herausgegeben von Marianne Klaar. Erich Röth-Verlag, Kassel 1970.
28 Plato: Timaios 90B–90C.
29 Jorinde und Joringel. In: Kinder- und Hausmärchen der Gebrüder Grimm (KHM). Manesse, Zürich 1946.
30 Vgl. Novalis: Hymnen an die Nacht. In: Novalis, Gedichte, Romane. Hrsg.: Emil Staiger. Manesse, Zürich 1968.